讓夢想成為現實，取回你應得的人生

強效顯化的8個祕密

曼蒂·莫里斯 Mandy Morris　著　吳宜蓁　譯

各界讚譽

「曼蒂的作品是獻給在這個眞正的光明被忽視的世界裡，努力尋找目標和認可、與自己情緒奮鬥的人們。她提供的強大療癒工作，是今日這個心理和生理健康世界皆缺乏的東西，它是一盞明燈，幫助他人找到自己、創造新的依據及有意義的體驗，引導他們克服所有障礙，取得超越自己想像的成功。曼蒂會讓你知道，你絕對有能力以自己的自由意志改變你的實相。」

——安東尼・威廉（Anthony William），《紐約時報》第一名暢銷書《醫療靈媒》（*Medical Medium*）系列書籍作者，慢性疾病專家

「在這個有時很黑暗的世界裡，曼蒂的愛、正直和眞實就像一股清新的空氣。顯化自己想要的東西，未必得辛苦又緩慢，其實可以簡單又有趣，曼蒂會告訴你怎麼做。」

——妮娜・杜波夫（Nina Dobrev），演員、導演、製作人

「認識曼蒂・莫里斯這麼多年，我親眼見過她的技術對一個人的生命何種影響。事實上，我親身經歷了她的教導帶來的改變人生的結果。曼蒂改善人們生命的能力，源自於她深愛著所有的人。這樣的愛可以轉化每一個人。」

——麥克・巴恩斯（Michael Barnes）博士／微生物學家、遺傳學家、商業教練

「在這本書中，曼蒂・莫里斯將教你一些實用的方法來提高你的能量振頻。她提供了強大的智慧，幫助你吸引想要的事物到你的生活中。這是一本必讀之書。」

——瑪西・許莫芙（Marci Shimoff），《紐約時報》第一名暢銷書《快樂，不用理由》（*Happy for No Reason*）、《給女性的靈魂雞湯》（*Chicken Soup for the Woman's Soul*，暫譯）作者

「曼蒂的作品是現代心理學和靈性之間的獨特橋樑，以準確、慈悲和無條件的愛來傳遞。除此之外，曼蒂的教導讓我們對自己沒那麼喜歡的一面有更深刻的理解，這樣我們就可以更愛自己、也更愛他人。在我看來，這樣的理解正是現在人們在進行療癒時，最迫切需要的東西。」

——阿芙遜・普雅博士（Afsoon Pouya），教練和認知行為治療師，眞實振動學院（True Vibration Academy）創辦人

「曼蒂的深刻見解列出了掌握顯化最重要的原則，這樣你就可以實現你的夢想、顯化豐富的生活，且實踐你的靈性知識。」

——彼得・阮（Peter Nguyen），Ad Exchange Group CEO，安永（Ernst & Young）年度企業家全國決賽候選人

「曼蒂是智慧和心靈的財富。她能夠把深奧的東西簡化成實用的資訊，把喜悅、愛和顯化帶到人們的生命中。」

——金柏麗・范・德・貝克（Kimberly Van Der Beek）／健康部落客、環境權利活動人士

給奧利弗、布雷登、席安，還有媽媽，你們是我世界的軸心。
因爲你們，我才是這樣的我。
感謝我的「眞實生活者」，他們讓我有理由懷著感激和愛去服務。

目錄

作者序　改變人生的八個祕密

當生活沒有按照我們認爲它該有的方式進行時，我們很容易因此困惑、悲傷和沮喪，這是我們每個人都很熟悉的感覺。也許你仍在爲過去發生的事感到失落，也許你周遭的人際關係不如預期，嗯，或是，讓我猜猜，你的工作表現並不完美，財務狀況也不盡理想。

聽著、我懂，我眞的懂。如果你像過去的我那樣，努力靠自己創造更光明的未來、祈求著過跟現在完全不同的生活，到頭來卻還是回到原點——於是開始產生一連串挫敗、不滿足、失去安全感、絕望、不被愛的負面情緒。

當我與這些惡魔奮戰時，我總覺得一定是我哪裡出了問題，爲什麼別人都可以擁有我想要的、做到我想做的？不過，現在我可以告訴你，人生不一定要這樣痛苦掙扎——你可以得到你想要的一切，甚至更多。我之所以知道，是因爲現在我已經從痛苦中走出來了。在克服了生活中幾乎所有挑戰後，我開始教導數百萬人得到他們想要的一切，告訴他們一定有一條路可以達成夢想。

沒錯，一定有。

作爲一名創業家、慈善家和顯化專家，我花了近十年的時間教大家如何擁有眞實且深刻滿足的生活。無論是私下親自教授、透過網路，還是在我創立的眞實生活機構（Authentic Living）舉辦的「改變人生」現場活動及工作坊，我都致力於教大家如何透過顯化，爲自己創造出即時、持久的改變。我一次又一次地見證，當人們擁有誠實、健康的心態時，豐盛、幸福、目標和愛自然會朝你走來，帶領你走上一條崇高、清晰、充滿活力的道路——當你釐清了眞正重要、一直以來引領你前進的信念爲何，你自然會走上一條純淨的自我提升之道。一旦你開始擁抱眞實的自己，你就會因跟隨靈魂的眞正方向而變得完整，顯化之路將比你想像的更容易，顯化的實相也會更美好。

但，究竟要通往美好未來的具體關鍵是什麼呢？本書提出的八個祕密，可以幫助你輕鬆迅速地實現你最大的願望，爲你指明道路，通往最了不起的自我——這個自我與宇宙最高善／至善（highest good）＊一致，且將成爲你顯化每一個目標的基礎。

這八個祕密，大多是我以靜心狀態時迸發的靈感發展出來的，從五歲起我就這麼做了。我相信我獲得並傳授的這些信念，皆來自於某個聖潔的來源。雖然我不是通靈者或靈媒，但我與大多數接觸到靈性層面的思想領袖一樣，不斷地從宇宙接獲指引，讓我得以發展出新穎、獨特的方式教導眾人如何顯化，這是我非常重視的任務。我先前所受的學校教育，和我與著名科學家、醫師和精神科護理師的合作計畫，讓我發展出的方法得以更加完整。而改變我人生軌跡的個人經歷，和引導向我求助的人們走出低谷，讓我更精進我的技巧，後續幫助更多人提升思想、重塑腦中想法，透過巧妙地處理意念，顯化各種內心渴望：家庭、親密關係、職涯發展、健康狀況、足夠喘口氣的假期、財務安全感、目標工作，以及——（各種你最想獲得的事物！）

解開顯化的祕密

雖然因為這些顯化祕訣，此刻的我能夠非常快樂、無憂無慮，但這一路並非一帆風順。我的人生旅程也經歷過家庭失衡、成癮問題、離婚、性創傷、飲食失調、幾段沒有未來的關係和毫無前景的工作。在後面的章節中，我會一一分享我如何走過這些看似不怎麼美好的過程。在經歷過一段受虐痛苦的親密關係後，我知道我必須有所改變，於是盡己所能地去開闢一條新的道路。我臣服於更高的力量，努力取得心理學及領導力學位，以促進靈性成長，並感覺受到引導，讓我能夠結合科學與神經學的知識，發展出顯化的能力。（其實一開始我根本沒有意識到這些方法背後竟有這麼多科學理論的支持，直到我一些絕頂聰明的友人肯定地說，我必定是從某個神聖的地方獲得這些智慧。）

＊編注：後續本書將以最通順閱讀的方式，以「最高善」或「至善」表達 hightest good 的概念。

當我開始攻讀博士時，我意識到學術研究對我來說可能不是最好的路線，所以我選擇了休學。我領悟到，世上所有的學校教育都不可能療癒我，或幫助我的人生向前邁進，我內心的直覺一再向我說著：「我必須靠自己弄清楚這一切。」我的很多行動都是由我的內心羅盤驅動，如果我察覺到事情不對勁，我就不會去做。根據我在靜心狀態中獲得的指引，我逐漸明白：臣服於更高力量，在這些力量的幫助下穩定心緒，就能讓顯化更輕而易舉。當我回過頭來，審視自己爲何能夠走出低潮、過得越來越好時，八大祕密就此浮現。根據這些指引行事的感覺實在太好了，我想我不能獨自霸占這些資訊，所以開始盡可能地和更多人分享。現在，我迫不及待想和你們分享這些祕密了！

先做內在工作，清除顯化的阻礙

忘掉五彩繽紛的夢想板和所謂的正向思考吧！顯化最重要的，是你必須與你最健康、最眞實的自我保持一致，而這需要一些事先準備工作：**在你能夠設定意念，讓正確的顯化之輪平穩運轉之前，你必須先花一些時間揪出，並去除會讓你產生低頻能量的挫敗信念、思維和感覺。**這些都會阻礙你實現目標，產生令人沮喪的結果。我將這種現象稱爲「反顯化」：因爲生活在混亂的情緒和能量之中，而不小心創造出不想要的人生。但當你能夠修正並提升你的信念、思維及感覺時，就能夠進入高振動頻率，宇宙因此能做出相同高頻的回應，無論你想要什麼，都會開始以正面的方式出現。當具破壞性的信念又出現時，你就能以更強大的力量將之化解。你開始會有足夠的能力創造新信念，幫助你從過去的傷痛中走出來。等到你處於眞實、正向的狀態，你就是在說宇宙能理解的語言！與此同時，那些被你重塑的新信念，在大腦中開闢了新的神經通路，使升級後的想法和行爲成爲新的水平基準：心理、情緒、身體、靈性，各層面都將提高顯化能力。很快地，**當新的生活方式成為一種習慣，顯化就會變得更容易**。

意識是宇宙中最強大的力量。每個人都有過去，但我們可以決定要沉溺、屈服於過去，還是轉化它，以創造更好的未來。如果你的意識總是導向過去已發生的事，你就是不斷地在餵養過去，那個怪物的能量就會變得更強大；但如果你選擇改變，並重新建構你原本理解的眞實，你的意識就將不再受制於過去，阻礙你的一切也將不復存在。這感受是如此深刻，我實在想不出任何文字來形容它，我只能說，你將以前所未有的方式體驗到眞相，你將感覺到光明、自由、愛和完整，它們美好到讓你無法再以舊有的方式生活。你會意識到，你的生活如實反映出你選擇成爲的人，你不再是過去的你了——你是最眞實的自己。

如何使用這本書

解釋了顯化的基本原則後，我接下來會深入告訴你將改變你人生的八個祕密，希望你能從本書得到最大的收穫。某些步驟中提到的工具，你可以在過程中的任何時刻使用，但爲了發揮最大成效，還是建議按照順序閱讀和練習，完全理解並實現一個原則後，再進行下一個。當你熟悉了全部的祕訣之後，就可以靈活運用，根據最適合自己的方式訂製顯化過程，以達成你的目標。但當你還在學習時，希望你還是按照順序練習。

在我們共同努力的過程中，你會慢慢體會到你在過程中的轉變和成長。但現在我想先把它展示出來，這樣你就可以想像這些細微、但會不斷前行的部分將如何運作，最後又將如何完構出美妙和諧的整體。在第一部分，我會和你分享我的個人經歷，概述顯化背後的原則和科學。第二部分開始，我將解釋八個顯化的祕密，告訴你如何應用它們，讓你根據你的生活訂製專屬於你的方法。在整本書中，我會逐步教你在經歷現有信念、想法的同時，該如何檢核它們，這樣你就可以進一步修改，並在大腦中建立新的神經通路，來支持並提高能滋養它們的能量，直到這個過程成爲第二天性。

別擔心，我會讓它變得有趣又迷人，讓你可以享受這整個過程！我會幫你釐清阻礙你實現目標的能量結和負面障礙。當你對某個觸發點做出負面反應時，它就會開始轉移你的情緒，接手引導你的能量，而我會用「模式阻斷」（pattern interrupts）來幫助你，管理過去那些導致你心煩意亂的觸發點。你將能夠提高愛自己的能力，創造出你需要顯化的意念能量。到這個階段，你將開始命名並設定你的顯化目標，打造「顯化藍圖」來幫助你採取行動步驟，讓你的希望變成現實。等到你的顯化能力開始順利運作，你就能夠重寫那些你以往賴以生存的規則及信念，學習接觸你的未來自我，這可以幫助你解決途中遇到的問題。最後的兩個步驟，會讓你無須付出太多努力，就能接收到奇蹟般的事件，而這都是由於你此時已經體現的高振動和諧頻率。令人愉悅的事件和對話，將紛紛出現在你面前，此時，你將只容許美好事物的振動頻率存在，你和宇宙的夥伴關係，將比以往任何時候都要牢固，你將知道如何與神聖的能量共同創造，且輕鬆、頻繁地進行。

最後一點，希望你在閱讀時能夠記住：我在書中多次提到神（God），是因爲我相信我們顯化和共同創造的一切，神皆擁有最終的掌控。我不用男性或女性代名詞來指稱神，因爲我相信神是所有神聖創造能量的來源，無性別之分。所以說，請記得「神」只是我用來指稱宇宙更高力量的一個詞。你可能比較喜歡用其他名字來稱呼它，比如「源頭」（Source），或是另一個我也經常用的「宇宙」（Universe）等，但無論你選擇用什麼名字來談論這種能量，神的智慧和愛將永遠令人敬畏，且無邊無盡。

光是拿起這本書，你就已經是做出了一個強大的選擇，讓你的人生變得更好——對你自己和你身邊的每個人皆是如此。我承認這是一本資訊量很大的書，但我也在書中加入了大量的愛與鼓勵。我很榮幸我們能一起改變你的人生，這些概念、工具和八個祕密，將帶你進入一個更大的現實，讓你牢牢地掌控你所有的環境，看著它們每天不斷地展開和改善。別再浪費任何一秒鐘了，來撼動一切吧！

第一部

先談談顯化是什麼

第一章　我的故事——從破碎到奇蹟

有時，我們最深沉的痛苦和創傷，可以幫助我們發現自己應該要是什麼樣的人。讓我們走到那一步的情境可能並不美好，但把它們轉變成有價值之物的潛力，可以演變成一個美麗的存在——一個既可以強化自我價值，又可以幫助他人的存在。在我大部分的人生中，我都是受制於紊亂內心的奴隸，這些混亂來自於痛苦與高度情緒化的經歷，因此，我不自覺地創造了一個充滿更多掙扎、心痛、恐懼和羞恥的生活。當我覺察，並開始審慎應用我在本書中揭示的祕密後，我終於能夠改變我的生活。它們引導我進入深刻的自我覺察，幫助我顯化內心的渴望，見證奇蹟毫不費力地展開。

你夢想的生活其實同樣觸手可得，我迫不及待想幫你實現它了。但首先，我想分享我的故事，讓你知道我曾克服了什麼。爲了保護我愛的人，我略過了一些細節，但我希望我揭示的故事已足以讓你知道，如果連我都能爬到頂端，你也一定可以。

一通改變一切的電話

我仍清楚地記得自己的轉變，是從我關閉內心的那一天開始。十三歲時，我的一個好朋友因突發性腦部動脈瘤去世，就在他葬禮的當天下午，我接到父親的電話，他聽起來極度挫敗、緊綳和悲傷，顯然出了什麼大問題。我問他爲何聽起來如此疲憊悲傷，他只說：「親愛的，爸爸只是太累了。告訴你妹妹，我非常愛她。」即使當時我只有十三歲，我也能憑直覺感受到父親那寥寥幾句話的重量，推斷出他要傷害自己了。

他是打來告別的。

我愣在原地，立刻內化了這段經歷。我沒有哭喊著叫他打一一九，我只是感覺我的心好像沉到了肚子，我被內疚、困惑和後悔吞沒。我想如果當時我和父親在一起，在他決定結束自己的生命前告訴他，他的靈魂是如此不可思議，無論他犯過什麼錯都是可以被原諒的，如果我能讓他相信他值得擁有充足、無條件的愛，那麼那通電話，以及後來他決定吞下那瓶藥，是不是就都不會發生了。

在我成長的過程中，我從不知道父親一直在與他內心的惡魔搏鬥。他從未好好處理童年創傷，對自己的戀愛經驗感到羞恥，並隱藏著深層的不足感。跟大多數小女孩一樣，我認爲父親高大強壯，能夠處理生活中遇到的所有事情。我以爲父親勇敢又無敵，他是我的全世界、我的最愛。然而我不知道，愛正是父親最渴望從別人和他自己那裡獲得的東西。他必須擺脫過去，但當時我還不明白，這不是別人的責任，而是他自己的，況且除了自殺，其實還有其他辦法。

我很感激，也很慶幸那天爸爸沒有死。多虧了我媽，爲了不讓我和妹妹陷入失去至愛的痛苦，她從我手裡搶過電話，叫了救護車，吼著要爸爸說出自己在哪裡。我爸爸活了下來，醫護人員給他洗胃後，他抽了根菸，打了電話來說他會沒事的。

這段經歷徹底改變了我的人生，讓我感到如此無助，直接刺穿了我的靈魂。身爲離婚家庭的孩子，我總是爲很多其實根本不是我的錯的問題責怪自己，所以那一天，我理所當然地認爲自己應該爲爸爸的悲傷和空虛負責。我苛責自己，爲什麼沒有陪在他身邊阻止他自我傷害？不只如此，我還進一步檢討自己爲什麼不夠可愛，讓爸爸不想和我一起留在這個世界上。隨著時間的推移，最後演變成一個不斷自我鞭笞的迴圈，始終纏繞著我：爸爸爲什麼要丟下我？我不夠好嗎？一定是我哪裡出了問題吧？

父親的企圖自殺讓我覺得，身爲一個女兒、身爲一個人，我是可以被拋棄的，也使得爲人生努力變得似乎毫無意義。我記得我當時想，父親是我最堅強的支柱，如果人生有一天會變得如此糟糕，連他都會崩潰絕望到想結束生命，那麼我也不要玩了。如果像爸爸這麼棒的人，都不能克服孤獨、情緒重擔，或管他是什麼，就是那些會讓他崩潰的東西，那麼我呢？像我這樣顯然不討人喜歡的人，未來會遇到的也一定不會是什麼好事，我才不想面對。

就這樣，我在心理上選擇了退出。我開始拋棄我的本質和靈魂深處的自己。我變成了以往充滿希望的自己的陰影。

在世界變暗之前

在迷失方向之前，我曾充滿正能量和耀眼的潛力。媽媽曾告訴我，無論是老師、鄰居，還是街上的陌生人，大家總是說：「曼蒂這孩子很特別。」我媽媽很喜歡說，大約在我三歲的時候，有一天翻開聖經，我竟可以一字不差地讀出上頭的文字！而在同一時間，我的幼稚園老師告訴她，我的程度比同齡的小孩高出許多，應該加入當地一間專爲天才兒童開設的學校，在那裡，他們會爲我的程度設計一套專屬於我的課程，我會獲得更好的發展。但媽媽怕把我逼得太緊，所以總是鼓勵我做一個「正常的」孩子。我父親和他那邊的家人都非常聰明，但他們卻經常受到那過度活躍的大腦所苦，媽媽不希望我步上相同的後塵。

我的曾祖父和父親都非常聰明，卻同時爲許多成癮行爲所苦。我的曾祖父是一名磚匠，據說他只須看一眼，便能告訴你那座高樓用了多少塊磚。根據家族傳說，他還是一位發明家，擁有各式砌磚設備的專利。可惜最終因爲酒癮賤賣了那些專利，就爲了多湊幾塊錢買幾瓶酒。他總得藉著酒麻痺那些過度消耗能量的萬千思緒。我爸爸也很聰明，有著驚人的圖像記憶力。他在石油公司擔任協調人時，工作內容是與土地所有人協商，好讓公司能夠在他們的土地上營運或鑽探。聽媽媽說，他能在一頁頁看過非常詳盡的地圖和土地描述後，不須回顧便能說出每一處細節，同時更是各項智力問答和猜謎遊戲的高手。但，他們雖擁有不凡的天賦，卻都相繼使用藥物或酒精麻痺自己的思想，導致自我毀滅。因爲他們都缺乏正面的榜樣，也沒有獲得足夠的愛與安全感，讓他們理解，其實他們能無所顧忌地發展自我。

考慮到他們的行爲，媽媽教我要重視自己的心靈而不是頭腦，讓我覺得做一個好人、做正確的事情，就算沒有比讀書更重要，也同等重要。她給我許多空間去挖掘我的本性——神聖和無條件的愛。就連我的小學老師都注意到，愛會自然地從我身上流露出來，並用它去幫助別人。有特殊需求或情緒不穩定問題的孩子，只要在我旁邊就會平靜下來，所以老師們經常把我和搗蛋的同學放在一起，這樣他們就會乖乖地不惹麻煩。我開始認爲自己是一個可以幫助別人的女孩，人們在我身邊就會感覺比較好，我的愛足以讓任何人平靜下來。我只要做自己，就足夠了。

所以你可以想像，當我父親的自殺暗示了完全相反的情況時，我是多麼震驚和絕望。難怪我會陷入困惑、內疚、不足和憤怒的自我批判中。

在父親企圖自殺的幾週後，我的成績開始變差、退出了學校的菁英課程，也不再那麼關心別人。我以前喜歡彈鋼琴和吉他，但隨後我放棄了那些興趣。我拒絕參加學校的體育活動，儘管我天生喜歡運動，喜歡排球、足球、橄欖球、啦啦隊、舞蹈和體操。

我永遠不會忘記，我高中的一位歷史老師把我拉到一邊說：「你是怎麼了？如果你不開始關心自己的未來，你會一事無成。」還記得當時聽到這番話時，我內心微笑並叛逆地想著：「對，我就是什麼都不想做。你又不能逼我在乎，我不想再嘗試了，我何必呢？」

如果當時我能再深入挖掘，就會意識到我眞正的感受是：「如果我連自己的父親都救不了，那這一切還有什麼意義？」我想成爲隱形人，這樣就不會有人向我尋求幫助——那種我父親似乎不太看重，也不會來向我尋求的能力。如果我把自己的心封閉起來，就不會再因爲任何原因感到痛苦了。但事實證明，當你試圖隔絕所有痛苦的情緒，你也同時在隔絕愛和所有正面的情緒。當你試著躲起來、當個隱形人，你只會以最糟糕的方式，吸引一些有著相同負面意念的人進入你的世界。光熄滅了，你被黑暗包圍，最終你忘了自己就是光，開始認爲黑暗就是一切。你失去了眞實的自己，直到有一天你認不出鏡子裡的那個人。

跑得了，卻躲不了

整個高中時期，我最不想做的事就是和自己的思緒和感覺共處，那太痛苦了。所以我轉而追求各種能分散注意力的事物，我越加速逃離我自己，就感覺越好，但這同時導致了很多變動和不穩定，這些狀況成了我的日常，無論是與朋友相處、成績表現、身分認同、人際關係、駕駛狀況、飲食失調等，應有盡有，我成了失序大師，不斷追求新鮮感和即時滿足感。我喜歡追求快感，而且絕不會讓自己太舒服。我喜歡追求瞬間的感覺良好，然後就繼續前進，這讓我感覺到是我在進行選擇，而不是讓生活先從我這裡奪走什麼。

畢業後我離開了家，我父母明確表示，從我走出家門的那一刻起，我就完全得靠自己了。我別無選擇，如果不努力往前游就會沉下去，所以我決定要努力做出一些成果。爲了支付州立大學的學費，我非常拚命地打了三份工。其中一個是在報廢車回收場工作，搬輪胎、拖零件、檢查報廢車輛，是很辛苦的工作。此外，自從父親服藥過量後，我終於再次在學校裡表現出色，但這並不表示生活變輕鬆了。有幾個晚上我還是得睡在車裡，需要別人買食物和汽油給我，爲自己的處境感到羞愧。我非常努力想出人頭地，但無論我做什麼，似乎都無法感到安定、快樂和滿足。

由於沒有足夠的錢繼續支付州立大學的學費，我轉到了社區大學，後來又轉到大峽谷大學（Grand Canyon University），在那裡時，我透過在學校擔任教育顧問支付全額學費。這時期，情況開始好轉。我取得了心理學學士學位和商業領導碩士學位。我已經好長一段時間沒像這樣，又處在所屬領域的頂端，賺到自己覺得很不錯的薪水，工作做得很好，吃得很健康，也經常運動。我還努力把暴食症永遠地戒除了，那是我在高中經歷了一段很不好的關係後得到的。

雖然這時的我非常努力想成爲最好的自己，但我沒有意識到，想擁有美好的生活，心理健康也很重要。我當時認爲收集成就和證書就足夠了，畢竟這就是社會看重的東西。所以從表面上看起來，我過得還不錯，但在內心深處，我覺得自己就像破敗的殘骸，因爲我沒有方法可以擺脫過去。我還是持續做出糟糕的情緒選擇，惡性循環早已是我的常態。向善良的人敞開心扉，或與眞誠的人建立深厚的關係，都會讓我有不安全感。我最終陷入了既危險又具破壞性的處境與關係中，我爲此責怪自己、爲自己感到羞恥，這又進一步造成我不愛自己。我就這樣瞞著自己的眞實處境，只要沒人注意到我分崩離析，就比坦白安全得多。

在我二十幾歲的時候，我的人生跌入谷底。我和一個我認識的人中有著最嚴重心理失調和虐待傾向的男人在一起。這個男友會在喝醉後，用很難聽的話羞辱我，還會在我們吵架時，給我看曾和他發生關係的女人的照片。但他又總是會在事後道歉並「表示懊悔」，而我就會屈服並原諒他。漸漸地，我開始習慣一種惡性循環，我會糾正他，卻又會在無意間模仿他的惡行。我習慣了把快樂和痛苦攪和在一起，所以一直沒有和他完全斷開關係，就這樣分分合合了兩年。

爲了尋找新的開始，我還搬去佛羅里達，但他很快就和我一起去了那裡。有一次，在度過格外疲憊的一天後，他在爭吵中把一杯紅酒朝我丟來，玻璃杯在我身後的牆上碎裂，酒灑了整片在地毯上。在那一刻，我才意識到我是如此地缺乏自我價值，我終於願意認眞思考，我必須拒絕這樣的對待。我想著，我怎麼會讓這種事情發生在我身上？我是怎麼走到這種地步的？我到底認爲自己有多糟糕，才選擇讓自己承受這種狀況如此之久？我從他臉上看到了憤怒和無法釋懷的悲傷，我沒有像他希望的那樣愛他讓他感覺很痛苦。我終於明白了，尖叫道：「出去！滾出我的生活！」他離開了。我終於最後一次倒在狼藉得宛如祭壇的現場。

夠了就是夠了。

無處可逃，只能向上

這是我第一次意識到逃避問題也沒有用，只是讓一切變得更糟而已。我不去面對和療癒父親及過去帶給我的創傷，只會讓這樣的狀況不斷重演。就像我父親試著透過追女人、毒品、酒精以及最終的自殺，來逃避他的羞恥和不足，也就是轉移注意力，不去理會自己的想法和感受，而我其實也是在做同樣的事，只是用不同的方式罷了。其實我交往過的很多男人都很像我父親，他們最渴望及最需要的是愛自己。我也需要同樣的東西，我虧欠了我自己愛，我拒絕自己的靈魂太久了——那種純淨如孩子般的愛，才是我最眞實、最自然的狀態。我必須重新找回自己。

在那個虐待狂男友永遠離開我的公寓後，我跪在地上哭了起來。隨著逐漸釋放無數不當抉擇所造成的重負，我的身體不斷喘氣起伏。我開始審視哪些道路不是我的錯，哪些是我的錯。

最後，我發誓要振作起來。

我拖著身體走到浴室，盯著鏡子裡的自己，想找那個我認識的人。我很震驚地發現了她。我看著自己清澈的藍眼睛，看到的自己是純淨無限的潛能，正是神創造我靈魂時的模樣。我臣服於宇宙，把自己奉獻給更美好的世界。我向神發誓：「我保證我會展現出人性的本質。我在這裡是有原因的，所以請給我指引，我將跟隨它。我不需要任何東西，不需要錢、感情，或孩子，但請求祢，給我平靜。」

在那一刻，我全身心地奉獻自己，爲了他人成爲愛的器皿，並承諾會盡我所能地去幫助他人，做我被派到這世界來要做的事。雖然當時我沒有完全掌握那樣的能力或背景，但在我心裡，我知道我想用我的創傷來幫助那些和我有同樣經歷的人。我知道，如果我能建立新的信念和觀點，我就能認識其他處於痛苦中的人，並幫助他們走出來。我從來都不是一個虔誠的教徒，但我一直相信自己與神的連結。我以自己的方式堅持某些靈性方面的原則，比如愛、信仰、誠實和正直。現在我就在這裡，在浴室鏡子前許下承諾，要走向宇宙指引的方向，然後我感覺到此生最強烈的安全感。有一種超乎尋常的愛、寧靜和指引包圍著我，那是我從未有過的感覺。我堅定地相信，有一股更高的力量會幫助我邁出下一步，因爲很明顯地，跟著我自己過去的那些混亂指標走，我已經毀了我自己。

新生活就此展開

接著發生的事簡直就是奇蹟。在接下來的短短幾天，我的能量產生非常大的改變，感覺自己好像被一種鼓舞人心的強大力量操控，這股力量就在我體內和周圍。我不知道是不是因為我奉獻了我的生命去服務，改變的意念非常眞誠，所以一股更高的力量以非常強烈的方式出現，還是只是一個偶然的奇蹟——無論如何，我全力以赴。我向所有聆聽的存在禱告：「請排除一切不適合的，把我所需要的全帶來給我，讓我做我的工作。」我當時並不知道，我正在透過這種心態調整我的意念能量。我發誓要放下過去和控制感，這樣我就可以純粹地服務和實現眞正該做的事。

沒多久，我就遇到了一群鼓舞人心的人，他們既健康又有愛、堅持最良善的動機，且欣賞我的光芒，而不會想控制或扼殺它。我讀了量子力學和形上學的知識，可以感覺到我天生的智慧重新出現。在靜心時自然獲得的見解指導下，我發展出輕鬆但有效的顯化技巧。我記得那些糟糕的選擇和對他人的傷害，這些都是來自未經處理的痛苦和心理創傷。我對那些和我有著差不多狀況的人有了更深的同情。我重新認識了我的靈魂和曾經純粹充滿愛的我。我盡可能地花時間通靈，以確保我受到神聖的指引。

通靈對我來說並不是新鮮事，但我當時還沒有好好磨練這個天賦。從我小時候起，我就能看見別人看不見的靈和能量，聽到別人聽不到的聲音。大約二十歲時，我在一位有靈性思想的朋友面前突然通靈——我突然張口滔滔不絕地說了起來——於是他買了一本相關主題的書給我，但我還是嚇到了，我害怕黑暗的東西會占據我！然而，如果我不讓這些資訊流動，前額就會痛。所以我學會了用愛來確保我只傳達來自於神的神聖資訊。

新的生活在我面前展開，成了一趟神奇的狂野之旅。我學會活在當下，這能讓我的心平靜下來，而且只要不過度回憶過去或思考未來，我就能好好呼吸。宇宙也丟了一些麵包屑在我面前，引導我走向充滿希望的機會和際遇。還在佛羅里達時，我在社群媒體的個人頁面裡放了一些影片，希望與他人產生連結。在這些影片中，我分享了我所學到關於情緒的頻率、言語背後的能量，以心理學的背景知識把它們整合在一塊兒。我也分享了一些我在通靈和靜心中學到的事情。製作這些影片讓我得以表達自己、擴大社群。事實上，這八個祕密正是在靜心時開始逐漸顯現，只是當時我沒有完整地把它們組織在一起，系統化地說明它們對顯化的影響，我主要是在進行自我療癒。但越來越明顯的是，我越去處理我的過去，就越容易創造出我眞正想要的生活。我開始深深地愛自己，接受我已經足夠的事實——然後，生活開始飛快地變得不可思議。

求必有得

我喜歡認爲我對著浴室鏡子發出的請求得到了神的回應：「好吧，曼蒂，我會把你當器皿使用。你做你該做的，我做我該做的。」因爲就在我敞開自己，接受一種更以靈性、以服務爲目的的生活後不久，我先生奧利弗出現了。有他在，一切都變得更加美好了。他非常善良，接受我的一切，而且馬上就成爲我最好的朋友。他會說：「我喜歡曼蒂的彩虹。」有了我的靈魂伴侶奧利弗在身邊，我才得以變成今天的我。

我一下子就受到了奧利弗的吸引，彷彿從靈魂深處就認識他，這種熟悉感讓我覺得安全又溫暖。奧利弗也是一名天生的能量治療師，當時他都是在家人和朋友身上默默地練習他的能力。有一天晚上，他幫我做了一次療癒，當時我就覺得和這位新朋友之間有一種宇宙的連結。我們談論了宇宙和我們在這個星球上的目的，他填補了我靈性方面的空虛，我感覺非常快樂。

幾天後，奧利弗告訴我他替我準備了一份禮物，就在鎮上的一家小店裡等著我。那是一本關於通靈傳訊的書，他覺得我一直在做的就是這些事，書的封面是美麗的日落。我帶著這本書開車回家的途中望向窗外，驚訝地看到天空中的夕陽和書的封面圖片完全一樣。我知道宇宙正以一種特殊的方式介入我們的人生。

這世界需要我做些什麼？

奧利弗和我一起搬到了亞利桑那州的塞多納。這座城市是著名的靈性聖地，所以我在這裡服務時，靈性天賦以閃電般的速度擴大，似乎也不足爲奇了。幾乎每一天，我都會透過通靈傳遞一些我認爲這世界需要聽到的訊息，然後感覺自己必須製作影片或向需要幫助的朋友伸出援手，做任何感覺與我的靈魂一致的事情。

我會向宇宙提出一個簡單的問題來開始每一天（現在仍是如此！）：「今天這個世界需要我做什麼，是我已經準備好可以輕易給予的？」當我收到答案時，我就會開始採取行動，準備好迎接任何爲我預備的好事，沒有內疚或猶豫。

我也持續運用靜心冥想和從心理學學位中得到的方法，來療癒我的家庭關係和其他創傷。這些工具主要是顯化技巧、同情、清晰、理解動態關係，以及專注於當下的意願。我觀察我跟自己說的話、辨識自己的信念，並意識到如果我能打破那些毀滅性的信念，就能修正它們，最終獲得自由。這並不是一件容易的事，通常我必須進行困難的對話，設置界限，把別人從我的世界中移除，並深入研究我自己的問題：羞恥和內疚。我有一個要向神履行的承諾，所以躲在小格局裡或退回過去的信念和想法，都是絕對不允許的。

同時，我會感受到一股強烈的同理心、同情和寬恕，因爲我現在意識到，我們或許會受到過去經歷的影響，但不必被它們定義。我的過去，那所有的痛苦和心痛，最終讓我明白了我目前計畫的核心原則：我們過去的信念、思維和感覺會影響我們個人的能量振頻，這又跟我們顯化出的生活品質有關。所以，我審視了我的感覺，改善支撐它的能量，並創造了一些技巧，幫助我用最高善的能量來管理我的觸發點。我練習愛自己，調整目標背後那些正確的意識能量，採取主動、神聖的步驟來實現自己想要的事物。藉由這些努力，我才得以把目標帶回到生活中，並達到理想的情緒基礎，以顯化目標。

我把創傷轉化爲成長的機會。我母親和我之間的關係，曾一度不太穩定，因爲她忙著處理自己過去的創傷，所以小時候的我很少接觸到她眞實的自我。我開始感激她爲了維持這個家所做的犧牲和努力，遠遠超過我意識到的程度。現在，我們擁有一份眞誠、重視成長的友誼，我們都深深地感到被愛著。我們是最好的朋友，而且我認爲她是我所認識的最堅強的女人。此外，在我父親於二〇二〇年中風去世之前，我有機會幫助他療癒一些關於愛和金錢的不健康模式，和他的談話也幫助我更妥善地處理我們的過去。同時，我也開始意識到，哪些友誼必須結束、哪些世代模式必須打破，其中打破世代模式這件事，不只療癒了我自己，也療癒了我整個大家族中的許多成員。因此當事情感覺特別艱難時，我會提醒自己，我這樣做不只是爲了我自己。我曾向人類承諾，我會活出自己的靈魂，讓其他人也能這樣做。

在塞多納時，奥利弗鼓勵我與世界分享，因此我開始舉辦通靈傳訊的活動，開始了第一個工作坊。我的八個祕密經常穿插在這些活動中，但從來沒有以一個正式的名稱登場。奧利弗繼續精進他的療癒能力，並開始啟動其他人的靈性天賦，像是靈媒、通靈者、療癒師等。我們越是深入探究靈性成長，就越常建立和追求符合目標的工作。透過這個自然發展且完全直覺的過程，我很快就獲得了驚人的成功。我讓我的天賦按照宇宙的意願展現出來。任何我藉由通靈得到的靈感進行的，或當我體現出無條件的愛時自然找上我的專案計畫，都大獲成功，而這所有努力皆來自於那融合了愛和眞實的極眞之境。

我的公司，理想中的工作，我的「寶寶」——眞實生活機構——就此誕生了。

我創辦公司的目的是幫助他人，而我絕對沒有輕忽這個角色。多年來，我一直過著違背眞實自我的生活，現在我知道我究竟是什麼樣的人了。要打造新計畫時，我開始幾乎完全依靠神的指引。我會問神，這個世界需要什麼樣的計畫？然後深入研究細節，直到我的直覺變成有形的、可教授的主題。所以，如果神告訴我這個世界需要更多愛，我會一點一點地琢磨這個寬泛的概念，直到它變成鼓勵成長的可教導方法。

一旦顯化開始啟動……

我們從亞利桑那州一路出發、旅行，感受生活帶給我們的一切。「眞實生活」與我的靈性同步成長，因爲能量完美地附著在上面，所以很自然地，它的成功每年會翻三到四倍。我們的下一站是斯堪地那維亞，我在那裡與世界頂尖的科學家、醫師和精神科護理師一起研究，協助療癒身心疾病患者。這是我人生中啟發非常深刻的一段時期，我在臨床環境中學習並幫忙治療很深層的創傷，這些創傷造成了看似不可能治癒的健康問題，從長期過敏到心臟、肝臟問題、妥瑞氏症，再到複雜的神經系統疾病。我在接觸這些傑出的人們和醫療技術時，同時也幫助了自己。當時我有嚴重的疲勞和食物過敏問題，在使用高科技設備診斷我的狀況後，我才知道是由於多年來的壓抑憤怒，導致我的肝臟出現功能障礙。即使我是個吃大量蔬菜、很少喝酒、經常運動、在其他方面都算健康的成年人，肝臟還是無法承受來自過去幾十年累積的心理衝擊。如果不加以控制，我相信會再累積出其他健康問題，因爲其他器官會開始代償肝臟不足之處，受到連累。在實踐了許多你將在本書中學到的技巧，加上運用了一些科技方面的療法，和從飲食中去除麩質和牛奶後，我完全康復了。

在我的專案結束後，奧利弗和我搬到達拉斯住了兩年，接著去了加州的拉古納海灘，在那裡結婚並懷了我們的兒子，我的小天使席安，我們家的神奇新成員。在此之前，我們家已經有了一個兒子布雷登，是奧利弗前一段婚姻的孩子，但就像是從我心裡生出來的一樣，是神給我的紅利。在拉古納，宇宙開始創造不可思議又隨機的連結，朋友會把我們介紹給他們的朋友，很快地，我們就經常參加各種活動和晚會。他們會請奧利弗進行療癒，口耳相傳地把我們介紹給其他人。

我的事業繼續迅速擴張，以驚人的速度輸出神聖的訊息。我增加了線上課程、證照課程和活動，奧利弗也更公開地展示他的療癒能力。每次我發起一個研討會，馬上就會額滿。我們事業的主要收入來源是證照課程，學員會得到「愛與眞實的實踐者」認證，本質上就是生活教練。我們更加專注於將我的方法教授給他人，我先生則同步進行療癒，啟動學員的靈性天賦，證明其他人也能夠成爲療癒師。

很快地，各領域名人、教練、治療師、教師、醫師、護理師，甚至世界領導人都來找我們。奧利弗和我逐漸意識到，對我們來說，顯化一個偉大的事業、富足和創業精神，其實就是一種能量遊戲。當我們每天把這八個祕訣與服務他人的眞誠心願結合在一起時，得到的祝福將沒有上限。當我們相遇時，我們對彼此最大的承諾就是一同成長——而我們確實成長了。

二〇一九年時，我覺得我們的世界少了些什麼，並感覺到我們被拉向截然不同的方向，而我必須尊重它。我開始想，我們接下來要做什麼呢？我開始看見一些畫面，在一片廣闊的土地上，有雞群在漫步啄食，我們深愛的眞實生活成員在同一個空間裡互動。不到一個星期，奧利弗和我就明白了這個使命：投資一個靜修中心。我們在科羅拉多州的多洛雷斯找到夢想中的地點，有一個七千五百平方英尺的主要集會活動處、一個招待小屋，還有另一棟建築，裡面有十一間臥室和一個會議區，整個中心總共可容納約六十人。我們另外造了一個噴泉、設計樹叢迷宮、安裝熱水浴池，並打造一個禪花園。它實在太美了，而且它神聖的能量完全符合我的希望和願景。

今天，我很自豪地說，眞實生活是一家蓬勃發展的公司，服務數百萬人。我們致力於防止客戶自我傷害、幫助爲人父母者療癒自我，讓他們的孩子永遠地遠離傷痛，也持續培育更多優秀的教練和療癒師。我們最自豪的成就之一，是我們在奧利弗的祖國菲律賓所做的慈善工作，服務孤兒、老人及兒童癌症病房，協助救災、爲學校建造廚房等等。我們還爲有需要的人提供獎學金、租金、食物、兒童用品和其他生活必需品。另外，我們也設立了眞實生活獎學金，讓負擔不起學費的弱勢學生能夠繼續接受教育。

現在，我生命的偉大沒有邊界。我從恐懼未知、因匱乏而動彈不得，變成在神聖的信仰中奔馳與生活。我從擁有許多不健康的人際關係，變成身邊圍繞著富足、愛，與支持的人們。我從一個不滿足的存在，變成充滿純粹宏偉熱情的人。我現在生活在一個充滿機會、生活目標和機緣巧合的眞實空間裡，依靠我的靈性，以萬物至善爲基礎。現在，每當有人問我過得如何，我會說我每天都選擇成長，盡我所能地讓它更有趣，並且聽從直覺告訴我的一切。我臣服於生活的曲折，與神建立深刻的信任關係。我玩的是能量遊戲，意思就是我能夠顯化我想要的一切。我可以在兩個月內，完成別人要花二十五年才能做到的事情，因爲我和我的心以及宇宙共同合作。

對你來說，這趟旅程的核心，就像我一樣，是**發現真實的自己**。一旦你找到就回不去了，你也不會想回去，這種感覺就像拿到了人生的作弊碼。剛開始或許還不能快速解決問題，但隨著你越深入，它就會變得越即時。事實上，我們的創傷、思維和信念在塑造我們本身和創造顯化方面，扮演著非常重要的角色。顯化背後的科學也是如此（本書稍後會提到），因爲它最能夠影響你的神經學（這些科學上的內容，是我的靈性指導和宇宙告訴我、與顯化和八大祕密最相關的部分）。最重要的是，我鼓勵你們勇敢改變自己的道路，就像我改變我的道路那樣，因爲那就是你們的顯化意識進入高速運轉的時候。實施這些方法並不像中樂透那麼容易，但沒有比療癒你的阻礙更大的獎項了，因爲這樣你的人生才能輕鬆流動。

如果你想設計你希望在此生中創造的東西、你在這個世界上想成爲什麼樣的人，我希望我們共同合作，確保你實現目標。我來到這個星球是爲了盡我最大的能力爲人類服務，而現在，爲你服務是我內心的使命。我保證你的生活將不再是以前的樣子，而是將以最好的方式發展。所以，深呼吸幾次，知道自己是被愛著且受到支持的，然後翻開新的一頁，開始新的生活。

訣竅與重點

- 不要試圖逃避問題。當你不再逃避生活時，就會發現它其實沒那麼可怕。
- 當你臣服於神，由衷地相信那更強大的力量，下一步就將在你面前展開。
- 練習愛自己，並在神的引導下，積極主動地朝著你的顯化目標大步邁進。
- 創傷和信念在塑造我們本身和創造我們想要的事物方面，扮演著至關重要的角色。
- 跟隨直覺、選擇每天都成長，且盡可能讓過程變得有趣。
- 這段旅程的核心是發現真實的自己。
- 當你的心智與宇宙合作時，你的成就將無限。做遠大的夢吧！

第二章　顯化入門

顯化就是創造實相的過程，無論有意識或無意識的顯化皆是，我也喜歡形容顯化是一種自我主宰。美好而毫不費力的顯化，讓你不用去猜測事件爲何會發生，讓你得以掌握結果，能夠對自己和自己的未來負責。透過顯化，你最大的希望變得確實可行，你曾想要的一切觸手可得，你獲得了制定近期目標和長遠夢想的能力，一切願望皆能實現。

顯化有意義的人生並不是什麼新議題，但經過多年的嘗試和錯誤，再加上源源不絕的神聖指引，我精確地研究出是什麼讓這種方法發揮最大的潛力，而這一切都可以歸結在本書第二部分介紹的八種強大練習中，包括檢查自己的能量、尋找愛自己的方法、釐清生活中的能量結和負面關係，以及總是懷抱正向、有意識的能量做每一件事。適時使用「模式阻斷」來管理你的心理觸發點也相當重要，請檢視你的生活「規則」，並勇於重寫它們。最後，學會觀想和體現未來的自己。一直以來大家都告訴我，沒有人像我用這種方式教導顯化，如果你過去練習顯化時，不知道自己爲何成功或失敗，書中的這八個祕密或許就是你缺失的環節。

你需要的不是豪宅，是成就感

讓這套顯化方法獨一無二的一項重要因素，是去辨識在什麼樣的情緒、狀態下，你會感到幸福、快樂，想辦法創造出這樣的情境，而不是只想著你以爲會讓你快樂的三維事物。唯有這樣，你才能以眞正的滿足感正確顯化，這才是創造顯化魔法的重要部分，我經常在我客戶的生活中證實。比如說，你可能覺得自己想要一座山上的豪宅，或希望你的前任哭著回到你身邊，但當你深入探討這些欲望，你可能會發現，你眞正想要的是這些事物創造的情緒狀態，而不是事物本身。這些願望的核心，可能是你需要成就感或無條件的愛，如果是這樣，那麼除了豪宅或與前任復合外，還有很多方法可以達到你的目標。一旦你懂了那種感覺，你可能會意識到，你一開始想要的事物其實並不眞實，然後選擇改變你的顯化目標，因此你的能量狀態將從絕望、凝滯和不眞實的狀態，轉化爲與靈魂一致的、明亮輕盈的眞實狀態。從這一刻開始，你的顯化將很快產生結果，因爲你的能量處於最好的狀態，而且你的意念非常純淨。也就是說，這將讓你處於高振動頻率狀態，與地球上最眞實的你——最高自我一起工作。

當你觸及你的最高自我，你就能以與最高自我連接的最高善來進行顯化。這會進一步提升你的意念，甚至彎曲時間來幫助顯化發生得比原本更快。我知道這聽起來一下子有點難以接受，但請不要擔心！在書中我會牽著你的手走過這個過程的必要階段。最終，顯化不只是得到所想要的，還包括臣服於宇宙大能，讓你們彼此達到直覺性的互動。這會讓你對追求的結果抱持自在的超脫心態，這樣一來，你就能在平靜和諧的狀態下，更快得到你想要的事物。當你處於這樣的狀態，你就是身處於存在之流中，能時刻感受到「存在」的流動，在這樣的高頻狀態下，你就不會再像從前一樣顯化出你不想要的事物，或因爲潛意識被過去的負面信念污染，導致失去顯化的能力（稍後會更詳細解釋）。

動動筆，顯化就是那麼容易

我相信我們第一次搬到拉古納海灘，就是我顯化出來的結果。因爲我的能量很平靜，且與宇宙能量一致，我要做的就只是在日記中寫下我的欲望，並加上我希望它發生的時間線，然後完全臣服於這個過程。果然！就在我要求的時間點（而且我根本不知道要怎麼讓它發生），我們已經在新家了！這是一種「設定完就忘掉」的顯化，沒費什麼力氣就實現了，因爲我知道如何與宇宙合作，以維持我的能量，讓美好的事物自然流向我。在你掌握這八個祕密後，它們也會成爲你的生活方式，幫助你成長，讓你保持在高振頻的空間，並與神保持連結——這是最重要的一點。

我的人生就是活生生的顯化實例，我顯化我兒子席安的誕生、得到我的「紅利兒子」布雷登和我們一起生活、買下科羅拉多的靜修中心、與世界領導人合作、發展我們的事業、買下我們住過的房子、在公司需要的時候賺了一大筆錢，甚至和我的目標出版商達成了這本書的協議！當我親自展現和教授這個主題時，我不會花太多精神去複誦肯定句或進行密集的觀想（這些事沒有什麼不對，只是我發現它們對我的大多數客戶而言不是特別有效）；相反地，寫日記的效果最好。只要我寫下一個目標，它就會發生。我曾經畫過一幅「現在的自己」，看起來很悲傷、困惑，然後畫了六個月後的自己，手裡拿著一個美元符號，很多愛心圍繞著我，還坐在飛機的頭等艙。六個月後，我和奧利弗就坐頭等艙去了達拉斯，我寫那篇日記時甚至還不認識他呢！

想試試看嗎？你甚至不需要日記本，就可以做這個實驗！只要拿出一張紙（連信封的背面也可以），畫兩張圖：一張是現在的你，另一張是你想在六個月內實現的多種目標。當時我先是畫了自己，第二幅畫了代表金錢、愛情、旅行和幸福願望的圖。不需要高超的繪畫技巧，我喜歡用蠟筆、鉛筆或原子筆畫很簡單的線條。畫完之後，把畫放在櫃子某個特別的抽屜或盒子裡，忘了它。在你的日曆上做個記號，從現在開始算六個月之後，再拿出這張畫，看看你的顯化是否有任何方面已經實現。我想你的畫中至少有一個部分會實現！

不過，我所知道的最酷的顯化故事，是奧利弗創造的。他曾經在電腦裡存了一張照片，是一輛勞斯萊斯停在豪宅前，並把這張照片設為螢幕保護程式，作為他希望有一天能實現的富足象徵。奧利弗一直都非常熱愛勞斯萊斯，所以多年後，當我們終於有能力時，我買了一輛給他，作爲非常特別的禮物。就在同一天，我們正好搬進在拉古納的第二個家。你能相信嗎？當我們站在房子裡面，前面停著勞斯萊斯時，我們才意識到自己已在不知不覺中實現了照片中的場景！

當然，我不認爲金錢或奢侈品是最重要的顯化物，但我喜歡這個例子，因爲它指出了物質是如何顯化的。我相信豐厚的財務狀況只是維持在高頻率的一個副產品，只要神讓我擁有金錢，讓我把金錢用在符合至善之處，我就會繼續幫助其他人這樣做。雖然奧利弗很喜歡他的勞斯萊斯，但值得一提的是，我最喜歡的車是雪佛蘭的平價大型休旅車 Suburban，我用它來運送水和乾草，從鄉村農場商店載回我們的靜修中心。當我從通靈結果中得知，我們要從加州的海灘生活轉變爲每天清理雞籠和修整雜草的生活時，我也欣然地接受了，既然這是宇宙的安排，我相信這次的搬家一定會很棒。

顯化能讓你無限升級

顯化是一項重要的實踐方法，可以達成許多目的。它讓你確信你是你世界的主人，你在這裡是有原因的，而且你可以共同創造讓你感到滿足的事物。它也證明了你不是環境的受害者，因爲如果是這樣，那麼根據我的過去，我會是一個完全不同的人，而顯化讓我重獲新生。顯化同時可讓你的生活維持愉快、穩定的節奏和可預測的感覺，這都有助於讓你感覺到力量在自己的中心。你很少會感到孤獨，因爲這個過程會讓你更意識到你是宏偉宇宙的一部分，這是一種互動練習，要求你與自己體內，及周圍能量協作。以身體方面來說，我發現顯化能讓頭腦更清晰、有活力，減少疼痛和痛苦，因爲你不斷地在釋放困在身體及場域中的能量。當顯化提升你的頻率時，你可以在那個頻率中自然取得的任何東西，都將非常驚人。當我在自己的小公寓裡跪著的那一天，把自己和未來全交託給神時，我其實就是讓自己進入了當時的我能達到的最高振動頻率狀態，然後歡迎接下來發生的一切。而最終的結果呢？是不可思議的生活，遠超越我能想像的程度。如果我只是遵守世界的規則，絕對不可能創造出這樣的結果。

我們原本就是無限的存在，所以擁有無限的機會——前提是，如果我們知道如何獲得它們。以「眞實生活」而言，我都說我們之所以能獲得這麼多的成長，是因爲我們玩的是能量的遊戲。我們不參與人類的遊戲——每天二十四小時、每週七天不停地折磨自己，或削弱別人以獲得成功。我們顯化自己的目標，看到有感覺的機會就行動，然後等待神安排我們的下一步，這樣我們就能應對形勢，完成必須完成的事情。我們和志同道合的人一起工作，彼此之間沒有競爭感。對我來說，完美的人生就是在我做的每一件事中都感受到神的存在，這就是高振動頻率的人生。我所知道的最厲害的顯化者，就是那些盡可能接近神的人；最糟糕的，是那些認爲自己很孤獨、與宇宙分離的人。

我個人的顯化哲學有三個主要部分：心理、科學和靈性。想成爲平衡且高效的顯化者，你必須三者兼備。

揭開過去

讓我們先談談顯化的心理機制，尤其是你的「過去程式」：那些阻礙你發展清晰意識和共同創造能力的信念、想法和創傷。這些因素對顯化過程的影響都一樣重大，但對每個人來說，哪一項造成的阻礙最多各不相同。它們也會造成反顯化，也就是你透過混亂的潛意識進行的顯化。反顯化會自然地釋放出阻礙你實現最佳夢想的能量。當你試著用未經療癒和淤塞的能量顯化時，你的能量仍然很沉重，也就很少會顯化出好的事物，但是當你去處理阻礙顯化的心理機制時，就能提高你的振動頻率，讓你碰觸到你眞正渴望從仁慈宇宙之手中得到的。

你的實相就是你心理程式的體現，而你過去的程式有力量抑制正向顯化，不讓它們浮現到你心智的表面。我經常使用「過去的程式」作爲一種總稱，指的是你所有信念、思維和創傷的混合體。過去的程式包括你生活中體驗到的所有社會、宗教、文化和環境影響——它們是你成長過程中的價值觀、暗示、偏好和觀點，從你很小的時候就開始形塑你的世界觀，直到現在。

也就是說，你的心智和它的程式會與你的宇宙能量場一起工作，然後顯化事物，所以當負面程式占主導地位時，你的場域中大多都會是負面的事物。當你的負面過往主導著你的生活，不管你點了多少蠟燭、做了多少冥想、試過多少靈性練習，最終還是在反顯化你的實相。更重要的是，過去的程式常常深埋在你的潛意識裡，所以得努力去理解和取代它留下的印記。

隨著你運用這八個祕密，開始可以輕鬆掌握顯化技巧時，你會開始檢視自己的信念和想法，這樣你才能學會如何從高振頻的空間顯化。信念構成了你的身分，是「你是誰」的根源。它們決定了你認爲什麼是眞實的，然後，想法就從那裡產生。比方說，假設有一個信念是愛不會持久，或世界很不公平，從這些信念出發，產生的想法可能是，陌生人看你是因爲你很可笑，或你做的工作永遠不會成功。不過很酷的地方是，你的想法有其頻率，所以如果你改變想法，就可以改變你的能量。當你向宇宙發射更高、更正向的頻率時，宇宙也會回應你同樣的頻率。因此，更輕盈的思想創造更高的能量頻率，顯化過程符合這樣的頻率，所以與宇宙共同創造就會變得輕而易舉。明白了嗎？

我再把如何「改變想法」說得更清楚一點。就像信念一樣，想法不是說改就能馬上改掉的，你必須深入思考爲什麼你會這麼想，並從過去的程式下手，直到你能以新的方式構建想法。這可以幫助你以不同的方式思考，並允許正面的結果隨之而來。不過，只是盡最大的努力想著「要更正向」還不夠，正向想法必須來自一個誠實的地方，這樣振動頻率才能提升到與它所需的顯化能量共振的程度。

你還必須處理創傷——他們通常是信念和想法的中心。創傷是當你遇到某件非常難受、強烈到你沒有能力去處理的事件，導致降低了你的自尊，感到絕望、失落、失去控制，甚至讓你感到被背叛或無力，還可能造成難以置信的痛苦和困惑。幸運的是，你不需要像大多數治療師建議的那樣，爲了治癒創傷，再次回顧或經歷一次相同的痛苦；不過，你必須正視創傷讓你產生的信念，因爲那是你現在有力量和能力去改變的。

當創傷事件在你記憶中留下印記時，就會影響你看待世界的方式，導致你活在一種無能爲力的狀態中。除非你去做些什麼阻止這種情況發生，否則你一輩子都會不自覺地試圖迴避類似的感受、對話或事件，這些會觸發你最初的記憶，而這些記憶又影響著你現在與世界互動的方式。舉例來說，如果你曾歷經被暴力性侵害的創傷，可能會就此產生「生活很不安全」的信念，連帶萌發每個男人或女人都想欺負你的想法。源自創傷的信念和想法未必正確，但它們會在無意識中支配了你的決定和實相，成爲雙重打擊。我有一個客戶，小時候曾多次經歷被強暴的創傷，這讓她的丈夫每次帶著愛意想從背後摟住她時，她都會嚇到或尖叫。他的丈夫認爲，我的這位客戶越是沒有意識到這一點，對他們的婚姻就越有害，因爲這個行爲等於是不斷地把他的妻子帶回她最初的創傷，或許還無意間加深了她錯誤的信念和想法。丈夫顯然沒有惡意，當他試著擁抱她時，懷抱著的是很美好的意念，但這是自然產生的反應，她甚至沒意識到過去被觸發了。可想而知，一旦觸發了這樣會令人產生尖叫、害怕、根深柢固痛苦的創傷經驗，只會使充滿愛意的擁抱也不得不演變爲笨拙的混亂；而當兩人都被痛苦支配時，就更不可能以高振頻狀態顯化任何美好事物。

你有這樣的經驗嗎？你會因爲過去的經歷，在與家人或同事發生衝突時，突然反應過度嗎？在那場爭執中，你告訴自己些什麼？直到現在你還是這麼想嗎？找個安靜的地方思考一下這個情境，是什麼程式餵養著錯誤的解讀，並想像一下更好的結果可能會如何發展。你甚至可以寫日記或寫信給某個人——不需要眞的寄出，這單純只是要把能量從你的心理和情緒場域中釋放出來。

我們將在本書的第二部分進行更具體的練習，但既然已經討論到過去的程式這個主題，我現在想先分享一個很好的練習，讓你有一點概念，在你遇到限制性的信念、想法或創傷時，如何可以幫助你回到當下。

我想請你做的，是創造一個關於你想要的生活的概述聲明，把它寫在日記、便利貼，或其他任何你可以經常看到的地方。例如，我的聲明是：「我過著充滿愛、正直、成長和爲他人服務的生活。」我剛才提到的客戶，寫的聲明可能會像這樣：「我是安全、完整的，完全有能力過充滿愛的美好生活。」然後，在你一整天進行各式各樣的決定，尤其是那些有點分量的決定時，問問自己：「我即將要做的選擇是否與上述聲明**一致**？如果不是，我可以做什麼選擇幫助自己回到正軌？」你可能眞的對某位家庭成員感到失望，或想要放棄一項專案計畫，但在你做任何決定之前，請先想想你的想法和行動是否與你的概述聲明一致，以及你需要採取什麼步驟，好讓自己維持在那個穩定且滿足的地方。這個策略可以幫助你立即重整過去的程式與其頻率，放大最眞實版本的你，以及你的靈魂，讓全世界見證和體驗。

等到你處理好內心和周圍的混亂，就會開始感覺過去的程式彷彿是上輩子的事——它離你的意識已經很遠了。然後，如果眞的出現了問題，你就能夠以一種健康有效的方式處理它，與過去截然不同。每次障礙出現時，你不再只是搔抓它的表面，而是能確實抽絲剝繭你行爲方式的層層原因，最後，障礙會從根本上被療癒，不再存在。在這整本書中，你會學到很多關於你自己的事情，以及你在日常生活中如何應對觸發事件。當你改變你對事物的反應方式時，那項事物將隨之改變，幫助你顯化未來的能量也會改變，它會以協助你進步的方式作用，且遵循著宇宙至善法則。

科學的部分在哪裡？

推動顯化的下一個關鍵是科學方面的原理，主要包括量子物理學及神經科學。現在起，內容可能會變得非常令人頭暈，所以當我在接收這些訊息時，神聖指引告訴我，我傳達的內容必須盡可能地簡化，且只說明與我教授技巧相關的部分即可。我會在第三章進行更詳細的討論，現在，讓我們先談談科學是如何影響顯化的心理和振動狀態。

世上所有事物都有振動頻率。信念、想法、創傷和記憶都能引起振動，因此以上任何一項都能讓你處於某種振動狀態——不是高（正面）就是低（負面）。我們的三維世界振動頻率相當凝滯，如果這裡的顯化是關於共同創造，那麼當原子（以固體、液體、氣體和等離子狀態構成我們宇宙中的所有「東西」）以更高的速度移動時，這些「東西」就會顯化得更快，這樣解釋就很合理了。另一方面，那些讓人失去力量的過去程式，振動頻率較低，會創造出移動較慢的沉重能量，這不僅會造成反顯化，還會在你的能量場中造成不健康的阻塞，造成嚴重破壞。正如你所知道的，它們會阻礙你顯化正面、理想的結果，也可能在你的思想、身體和能量場中生根，而這就可能會讓你產生疾病或對情境的負面反應，因爲它們已經根植於你的潛意識中了（比如老闆因爲你開會遲到而對你發怒，不給你機會解釋，回家後你就因爲無辜的另一半忘記洗碗而向他/她挑起爭吵）。負面阻礙會播下一顆討人厭的種子，長出枝芽，挑起各種你根本無法預見的問題。

因爲感覺源於信念、想法和創傷，而且也是一種能量，因此我喜歡依靠它們來告訴我，什麼時候我的能量是輕盈明亮、高振動頻率的，或是以較低而凝滯的頻率振動。畢竟低振動頻率的感覺會創造障礙，而障礙感覺很沉重。假設你收到帳單，你可以選擇支付它，然後用中性的能量繼續前進，或者發狂並降低你的振頻。因爲失去理智的感覺很糟糕，所以你會知道自己的振動頻率很低，可能會造成障礙。讓我們稍微暫停片刻想一想，在你的生活中，有沒有什麼事情會讓你降低振動頻率或感覺能量沉重？也許是同事的一封電子郵件，一次讓你緊張的約會，或是一次讓你害怕的家庭對話？現在，選擇以中性的能量繼續前進，避免製造障礙，並反思這樣做了之後，你產生了什麼感覺。

當形勢不再對你有利時，你也可能會辨識出障礙。也許你正在和一個新對象約會，情況開始變得停滯不前。這可能會讓你感到困惑或沮喪，也就會降低你的能量，導致障礙的發生。相信我，我理解並經歷過這種類型的恐慌，我知道在當時表現出壓力反應看起來有多合理。但當你選擇走向中性反應的那一刻，你會得到更好的情緒回報，而如果你持續這樣做下去，就能重新平衡你對各種隨之而來或類似情況的反應。我們將在本書稍後深入探討情緒層次，這與你的振動頻率有關，但現在，只要知道**從壓力狀態過渡到中性狀態，比強迫自己積極正面容易多了**。這是一個比較實際，心理也比較容易到達的情緒狀態。

在接下來的章節中，我會告訴你如何把感覺當成線索，讓你開始好奇（而不是批判）自己爲什麼會有這種感覺，這樣你就能立刻開始感覺更好，並提高你的能量。等你找到了根本的問題，就可以判斷你的心理程式是否爲眞，如果是，就繼續前進；如果不是，新的眞相又會是什麼呢？

從神經科學的角度來看，潛意識總是在爲你顯化，而它很可能阻礙你實現目標。但如果你能弄清楚它是如何違背你的最大利益，並中斷這個過程，你就能重新調整你的思維，讓所有的想法都帶著這樣的感覺：你的目標很安全，是你內心深處眞正想要的。不同的想法會引發不同的大腦反應，這已經不是什麼祕密了，但這種現象是如此地自然，以至於我們根本沒意識到它正在發生。大腦只是在做它與生俱來就要做的事情，而顯化可以讓大腦停止神經模式的自動駕駛狀態，根據你改變預先設定的想法和感覺的能力，重新連接到新的路徑。新的路徑接上後，你會發現顯化突然變得很容易，因爲你已經不必在心理和能量上與那些限制性信念爭鬥。一旦你移除了在恐慌和焦慮的狀態下自然預設的觸發點和問題，在大腦中開闢新的路徑，讓心理和能量模式去遵循，你就會開始改變行爲和想法，目標會在不經意間就實現。順帶一提，這一切可能發生得很快。必須接受三十年的心理治療才能處理創傷或信念，這種觀念未必正確。我在挪威的一家醫療診所工作時，目睹了我的顯化技巧勝過心理治療。今天，我依然持續在我舉辦的各種活動中見證這種狀況。

微調你的潛意識

我有一個祕密的心理武器，是我自己創造的概念，叫作「潛意識卷軸」，指的是我們每個人每天都在無意識間告訴自己的話語，這些話通常是根據我們過去的程式。我稱它爲「卷軸」，是因爲它會在腦中一遍又一遍地循環播放，直到你選擇關掉它。這是我們產生最有效顯化的地方，所以再提醒一次，如果你的潛意識想法不純粹，不符合你的最佳利益，你就會反顯化出你最壞的希望和恐懼。你可以每天花一小時靜心、持咒，或寫日記來創造改變（如果眞的有用的話），但如果你沒有淨化潛意識卷軸，最終你還是無法達成願望，因爲一個模糊的潛意識已牢固地建立在某個深刻的層次中，決定了你的生活進程。

比方說，你想要顯化一百萬，但如果你潛意識裡對「財富」這個概念有創傷或錯誤信念（也許你擔心擁有金錢會讓你失去所愛的人，因爲你的父母就發生過這樣的事），無論你多常在有意識的情況下聲明你想擁有豐厚的財富，依然難以爲自己顯化出任何一塊錢。又或者，你會得到你想要的財富，但要不是很快用盡，就總是以其他方式失去它——這一切都是因爲潛意識發出的能量與你的意識欲望**直接牴觸**。

顯化的第一步，是將潛意識卷軸提升到意識層面，這樣我們才能夠調整它。許多人都無法辨識出，究竟是哪些行爲在阻礙我們前進，或者，如同我多年來所看到的，它們會躲在一些奇怪的地方。好消息是，如果你意識到這些潛意識卷軸，就能夠開始鬆開阻塞、驅散能量，進而提高你的振動頻率。記住，你的潛意識卷軸很強大，如果它與你的意識卷軸不一致，就會向你的意識卷軸直接發出完全相反的能量。你必須處理這些你內在發出的能量，當你清楚地定義出眞實自我的原則，你就能與眞實的本性保持一致。一旦你和你的潛意識卷軸保持一致了，你的意識卷軸就會幫助你創造奇蹟般的顯化，因爲潛意識已不再發送相反的訊號進行阻礙，這時就能有效地由清醒的意識來主導。我喜歡把你的意識比喻作身體裡的細胞，身體裡有越多快樂、被療癒、協調一致的細胞，身體就會越健康。同樣地，我們越能創造一致的能量，就能越快顯化，而不會產生反顯化，或只實現我們想要的一小部分而已。

總的來說，這八個練習將幫助你協調潛意識卷軸和意識卷軸，加強清晰、有意識的能量。與其相反的是自滿、不願成長、害怕改變、缺乏自信的想法、信念和行動，以及一而再、再而三地選擇失衡的方法。你必須願意在過去的理想基礎上，放開你對生活的緊張控制，並對成長和改變充滿信心。你或許不相信，但其實許多人都緊握著過去的糟糕程式，雖然它通常是無意識的，但它滿足了對保護和確定性的需要——這就是所謂的魔鬼。想打破這些模式需要不懈的努力，但很值得，因爲當它消散時，你會感覺很棒。當你願意挖掘過去、了解眞實的自己、改變你的程式時，你的能量自然會轉移，讓顯化迅速就位。

神和這一切有什麼關係？

影響你顯化的最後一個因素，是各式的靈性因素。這些無形力量創造出的顯化難以想像，看起來就像奇蹟，猶如「天賜的祝福」。你不需要去教會或有什麼特定的信仰才能成爲顯化天才，但你確實必須**相信**那個更高的力量——不管你叫它神、宇宙、源頭等任何名稱。這個強大的出口是所有能量的起源，體現了萬物的至善。

我發現，堅持眞相、**愛**、眞實、**愛**、理解、**愛**等價值觀（愛講了三次，你可以看得出來，它是最重要的！），是顯化美好事物的必要條件。這些是高振頻的價值觀，我在無數次通靈傳訊中被告知，它們能療癒一切，包括過去最糟糕的程式。它們是很強大的工具，因爲當你使用時，它們可以改變你的大腦迴路，改變顯化過程。請務必分辨好與壞，因爲這與你的創傷和程式有關，也能讓你與宇宙對你未來最偉大的安排保持一致。永遠以心的至善爲準則行事，也就是說，以最與神的能量一致的方式，這能幫助你與宇宙的最高價值和振動保持步調一致。

我所抱持最重要的靈性信念，就是神一直在爲我工作。意思就是，任何出現在我面前的事物，都是爲了教導我某些與至善有關的課程，而不是把它變成一個自私的目標，或在我的潛意識卷軸中製造阻力。相信更高力量的信任和引導，能讓我保持在較高振動頻率的狀態，幫助我顯化得更好。如果發生了什麼不開心的事，感覺天要塌下來了時，我們需要做到始終以平靜的情緒和中性的能量去處理它，相信總是有更高的力量在背後支持你，能讓你堅持下去，以免你的振動頻率猛然下降。你可以做個小測試證明：在接下來的二十四小時，請相信有個最高力量會一直支持著你，相信**所有事情的發生都有其目的**。即使是那些「看起來」似乎很糟糕的事也一樣，希望你能想一想，這件事怎麼會發生在你身上？在事情發生之際，以及發生之後，你有什麼感覺？當一天的實驗結束時，你又有什麼樣的感受呢？我敢說，這種心理上的轉變會自動提升你的振動頻率，當你信任一個神聖的能量計畫時，你會感覺到一股力量讓你更能放開心胸、接受新的可能性，而不是陷入恐懼或受害者心態。

或許最重要的是記住，神的愛不只是無條件的愛，或無限、高振動頻率的愛，而且這種能量是能夠被瞬間創造出來的。當我們提升振動頻率時，其實就是在成爲更大整體的一部分。當我們改變過去的程式和頻率，更接近與神合一時，就能更快地共同創造出所想所願，因爲我們是神的一部分。神是最終的造物者，創建出萬事萬物，也將繼續這麼做。神的存在是在提醒我們，覺察自己到底是誰，無論是身爲人類或是探究內在的靈魂層面。

因此，與神保持穩固、屬靈的關係，不僅在我們與神共同創造的過程中很重要，對觸及最眞實自我的探索也是如此。眞實的自我反映出我們應該成爲什麼樣的人，這是神創造我們要成爲的樣子，是我們最純粹、靈性的一面。它反映了我們的本質，沒有任何預設的觀念或過去的程式。在這個存在的層面上，這是我們與宇宙最接近合一的狀態。我回想起我在佛羅里達的公寓裡，開始錄製靈性影片放在臉書上時，那是我發現眞正的自己，以及察覺我能爲世界帶來什麼的起點。那時屋子裡沒有任何家具，我在附近也沒有家人、朋友，我就睡在地板上，桌子是一個倒放的紙箱，然而我卻快樂無比，因爲我與神的關係產生了變化，這讓我感到被支持，也不再孤單。在這段期間，我意識到神不是在我的外面，而是我的一部分，我感覺與神的連結比我記憶中任何時候都要緊密。在清除了生活中許多外界影響（比如那個虐待我的前男友）後，我終於有了心理和靈性上的空間，來親密地感受神的愛、指導和存在。最終，神在那段時間裡向我揭示的，其實就是我自己，我所有閃耀的眞實。

這種覺醒的清明帶來了無數的突破。我開始通靈傳訊、療癒自己，記錄了我第一次的顯化。我相信，我們都是一個更大存在的一部分，而身為這個無限整體的一部分，如果我們試圖成為任何不符合眞實自我的角色，痛苦就會找上我們，這是再自然不過的事了。在那個不眞實的空間裡，人生無法運作良好；但當我們貼近眞實的自己，宇宙的魔法就會開始起作用，因為我們開始在神為我們安排的渠道中流動。如果這個星球上的每個人，都能發揮眞實的自我，我相信整個世界會迅速地被療癒，並以我們難以想像的方式團結起來。

我相信共同創造，以及由此產生的顯化，是每個人生命道路中不可或缺的部分。宇宙賦予我們特權，在地球上創造我們想要的生活，這是一份了不起的禮物。請記得，作為神的一部分，當我們實踐顯化的時候，就是在體驗與神的共同創造，符合至善原則。當我們帶著眞誠和對人類的關懷去做這件事時，就會得到極大的回報，而且地球上的每個人都能在某種程度上受益。

訣竅與重點

· 在建立顯化心態時，專注於你想要的情緒狀態，而不是你認為會讓你快樂的三維事物。

· 你能夠主宰你的世界，你在這裡是有原因的，你可以創造出讓你滿足的事物。

· 在共同創造的過程中，很重要的是與神保持關係。

· 療癒阻塞的能量是必須的，這能提升你的振動頻率，讓你達到豐盛的目標。

· 過去的程式是由形塑你世界觀的信念、想法和創傷組成。

· 過去的程式創造出特定的振動頻率，影響你顯化的結果。

· 你的潛意識卷軸是你不斷在不自覺狀況下告訴自己的話語，根據的是過去的程式。意識到這一點就能驅散、鬆開阻塞能量，並提高你的振動頻率。一旦你和你的潛意識卷軸達成一致，顯化就產生了。

第三章　顯化的科學概念

想像一下，你在最喜歡的咖啡店裡靜靜地工作，喝著早晨的拿鐵，查看電子郵件，這時有個陌生人在你隔壁桌坐下，你們沒有交談，甚至沒什麼注意到對方的存在，對方也沒做任何引起你警覺的事，但他的存在就是給你一種奇怪的感覺，無法擺脫。你試著忽視這種感覺，但它卻無法消失。你的胃不太舒服，感覺肩頸僵硬，就是覺得這個陌生人有些不對勁。

你經歷的不是什麼靈性能力爆發，也不是你對現實失去了控制，這只是某個人的能量與你的能量相互作用時，可能會經歷的其中一種感覺。在這個例子裡，你們的能量並不和諧，因此產生了非常真實且具體的反應。我們每個人或多或少都能感知到能量，無論是正面還是負面的，當我們在一個或多個生物，甚或非生物實體旁時，都可能會產生這種感覺。你可能輕易地感到快樂、振奮，就像你也會感到不對勁或被周圍的能量波排斥。想想，在你情緒低落時，遇到一個開心的朋友幫你打氣，你的情緒因此毫不費力地變好了。我們喜歡說是這些朋友陽光的態度「感染」了我們，但實際上發生的事情是，他們的能量以最好的方式影響了我們。

這些熟悉的例子顯示，能量不只存於外在，也同樣存於我們的內在。我們一直不斷地以某種方式、形狀或形式，與能量相互作用，以幫助我們直覺地認識周圍環境。這種我們都沉浸其中的「能量池」（通常看不見，但很容易感覺得到）創造了我們每一天的行爲和現實。這種在遇到能量時，能夠感知和理解自己感受的能力，是爲了幫助我們輕鬆、快速地辨識所處環境對我們的好壞，會提升還是降低我們的振動頻率。記住，爲了共同創造我們的實相，我們必須盡可能存在於高振動頻率中。有一些人和情境會使我們情緒耗竭，或把我們困在某種氛圍中，覺得自己難以超越、實現和顯化自己渴望的一切，就是神不希望我們把時間花在這個地方的暗示。當我們處在與自身能量相配的環境中，可能成就或毀掉人際關係、事業、財務、健康和其他重要的事物，這些決定了我們能否在地球上繁榮發展。

身爲一個能量體，你會對有生命和無生命的物體，以及其他無數事物，包括對話、思想、情緒、創傷、身體器官，甚至疾病有反應。就算死亡，不再擁有肉體，能量仍然存在於宇宙中，因爲根據熱力學第一定律說的能量守恆，能量不能被創造或毀滅，但總是可以從一種形式轉換成另一種形式。一直以來，你的能量都與周圍的能量混合在一起，以不同的形態共同創造存在的整體。總是如此。

在這一章，我會分享我與學者和醫生合作時學到的科學資訊、我自己研究的宇宙玄學，以及在靜心時從神聖來源接收到的訊息——這一切都與第二部的八個祕密有關。我在二十出頭歲時得到這些資訊，幾年之後在挪威的一家健康診所與著名科學家合作時，又得到更多資訊。接著又在其他臨床環境中與醫生、精神科護理師、科學家和研究人員一起工作，幫忙療癒與心臟、肝臟、消化系統、神經系統和免疫系統相關的，傳統醫生似乎無法獨自解決的棘手身心健康案例，是一段讓人眼界大開的經歷。

雖然多年來我一直在收集科學資料，但我的大腦和意識很少用學術的方式把它們重新傳遞出來。然而當我把這些迷人的見解告訴客戶，或在研討會上談論時，宇宙經常讓我藉由通靈傳訊的方式，引導我融合這些知識，以一種你可能從未聽說過的方式傳遞出來。我不是科學家也不是醫生，但我在這裡介紹的科學，是宇宙告訴我，與你使用八個祕密進行顯化時有關連的。因為關於能量、大腦連結、心理學，以及這些如何影響和改變我們生活的許多細節，隨著你繼續深入探究，將會變得相當複雜，我只會分享在理解我的顯化技巧時必需的知識，然後建議你繼續練習下去。當你的人生在自己眼前改變之際，你將會感受到前所未有的驚奇！

「氣場」是什麼？

每個人都有這種能量場域。生物電路沿著你體內的複雜線路系統傳遞電流，這些電流也會集結在身體外的許多層次中，整個連結起來，就會形成電磁場包圍你的身體，並向外延伸至少四十五公分，這就是我們所說的「氣場/能量場」。

所有物質都會散發氣場，即使是石頭和蘋果這樣的無生命物體也有氣場，只是範圍不像有生命的有機體那麼大。你的氣場中有七條管道連結你的肉體和靈性體，你所有的經歷、記憶和情緒都存在於其中。氣場也連接到你的脈輪系統，脈輪系統就像是沿著脊椎運行的靈性神經系統。脈輪一詞在梵語中是「輪」或「圓盤」的意思，指的是身體的能量中心。這些旋轉能量的輪子或圓盤，皆對應特定的神經束和主要器官。如果你的脈輪是平衡、開放的，能量可以通過它們，你的身心靈就能和諧一致。你可以把它們想像成讓正能量自由流動的紡車。身體的脈輪從脊椎底部開始，一直延伸到你的頭頂。從上到下看的話，依序是頂輪、眉心輪、喉輪、心輪、太陽輪、臍輪和海底輪。

氣場會根據你的健康、幸福狀態，以及你不斷接觸的能量而持續變化。大腦總是不斷地在處理資料和訊息，氣場也是不斷在接收類似的資訊。氣場會影響身體、情緒和靈性體，影響你散發出的，是更強大、更光亮、更有效能、更高頻的振動，還是微小、昏暗又虛弱的氣場和振動。氣場越強，就越不容易受到周圍的低能量影響，而且有了平衡的脈輪和明亮乾淨的氣場，你就有能力僅是靠自己的存在，就爲他人帶來平靜與祥和。我認爲，擁有健康的氣場和脈輪，代表了你體內擁有健康的細胞，如果細胞很健康，它們就能正常交流，進而對身體產生正面的影響。如果一個人的能量很健康，他們影響的不僅是自己的能量和身體，也會影響其他人，這非常重要。因爲，如果我們可以透過保持自己強勁高頻的振動影響彼此的能量，我們身邊就會一直是高振動頻率的人，這樣的集體能量，又有助於維持群體中每人的個人能量。那些努力提升自己的振動頻率，並強化氣場的人，總能在世界上做出巨大的改變。

互相影響，就是氣場間的「較量」

你或許也曾經刻意影響另一個人的氣場，比如試著讓一個生氣的朋友開心起來，但你從未意識到，你在做的就是改變氣場。來做個有趣的實驗：找個心情不好或沉浸在悲傷中的人，試著用你的氣場去改變他們的氣場。花二十分鐘進行這三個步驟：首先，當你們在一起的時候，評估一下你認爲對方感覺如何；接著，想想你自己的感覺，並感受兩種能量之間的差異；最後，說一些善意的話，或想像他們被包圍在粉紅色或金色的愛心泡泡裡，送愛給那個人。從頭到尾，你的意念都要維持平穩、充滿愛，並想幫助對方。不要強化對方的負面情緒，試著中和或改善它。如果一切順利，你們彼此的高振動頻率，將以最好的方式相互支持。

我喜歡把氣場想像成身體的過濾和溝通系統。當你的氣場第一次遇到其他來源的能量時，它必須決定如何處理這個外來客。一旦兩股能量接觸，進入你場域中的能量就不會保持不變。這就像是你把一顆鵝卵石丟進靜止的池塘，它的衝擊會導致水向外產生漣漪。現在想像一下，有人在池塘的另一邊又丟了一顆鵝卵石進去，產生了第二波漣漪。一旦這兩股漣漪相遇，它們移動的方式就會改變，波紋就看起來不一樣了，對吧？這種情況，就很類似於你的能量波遇到外來頻率時所發生的狀況，這些外來的振動會影響你的振動，交互發展出新的合併頻率。接著，這個新頻率會經過一個類似篩檢的過程，決定這股能量將提升，還是降低你的振動頻率。如果它削弱了你的能量，你就可能會感到心神混亂或壓力過大，甚至開始產生能量阻塞，就像我們在第二章中說過的那樣。不過，你的篩檢程式也可能歡迎或提升它接收到的能量，這種過程叫作「轉化」。正向頻率比較容易提振你的精神、對抗負面能量，負面能量反倒比較不容易瓦解已經存在的高振頻。正向能量就是如此強大，一小束光就能夠照亮整個黑暗的房間，光明且強大的能量場就是如此。

但是，這麼說不是要你整天躲避負能量以維持高振動頻率，因爲這代表你必須把生活限制在一個泡泡中，只讓樂觀的人靠近，這根本不符合現實。也不建議你爲了維持自己的振頻不接觸其他能量，除非你想讓自己被孤立。

你的最終目標，應該是學會與任何人或事件互動時，都能夠保持在高振動頻率狀態。你的能量場應該要對壓力保持彈性，這樣你才能生活在現實世界中，而且是處在一種高振動頻率的狀態，讓大多數的事物都無法觸碰到你。說實話，當你處在高振動頻率狀態時，低振動頻率的人本來就不太能與你共存，他們通常會與你相斥。所以，你還是會在不經意間限縮選擇的職業及往來的社交圈，除非那些人選擇和你一起提升。我把這種情況比喻爲用一個充飽的電池，去喚醒一個已經沒電的電池，因爲充飽的電池可以提供能量給它。

改變自己，真的能影響他人

在我剛開始通靈傳訊和練習這八個祕密、學習如何維持自己的高振動頻率時，我有一個親密的兒時朋友，光是聽到她的聲音，就會讓我的情緒暴跌。

每次她打電話給我，我都很恐慌。我認爲我有義務和她說話，那是由於我內心深處有一種未被療癒的需求，總覺得必須取悅其他人。她會不停地談論她生活中的所有問題，如果我提出和她不同的觀點，通常就會以尷尬的沉默或爭吵來結束通話。我和這個朋友認識很久了，我愛她，我知道我只看到她的其中一個面向，而她也已經習慣了那個曾經總是很負面的我。有時我會無意識地模仿她的低振頻行爲，這樣我們才能感覺彼此依然相連。我知道這很不健康，所以我必須想辦法，讓她既能夠留在我身邊，又不會讓我們之間繼續以負面的方式相互影響。

我必須將低振頻行爲從我的生活中去除，這樣我就可以讓她看到，她也有可能過著幸福的生活。

我決定從我能控制的事情下手，也就是提高我的振動頻率，專注於練習你將在第五章學到的內容，整理能量結的那個部分。三個月之後，我對我們的關係有了新的觀點。我們在一起的時候，我感覺好像戴了一副全新的眼鏡，因爲我看事情的角度與以前截然不同了！我培養出同情心、耐心，和界限，而更高的振動頻率幫助我自然維持著正向的心理狀態，幫助自己應對朋友的低振動頻率。我沒有迎合她的負面情緒，也不再覺得受影響。我發揮同理心，知道她需要的是愛，而不是批判。我的氣場篩檢程式，現在會把我朋友丟給我的東西，從我的能量場中分離出來，所以它不會傷害我，那種感覺就像在我們之間裝了一片壓克力板。我可以看到她的行爲是什麼模樣，不過是以一種不再影響我自己的距離和方式去看。這讓我們發展出一種嶄新的、更眞實的關係，我也不需要以拋棄她來獲取平靜。

氣場的篩檢系統很強大，溝通系統也同樣複雜。能量場把身體當作天線，用來接收資料，將資料傳送至大腦後，再由大腦解碼。天線既可接收也可發送訊息，所以接下來就會像先前提到的那樣，你的頻率會被傳送到外界。你的氣場和天線允許你的能量以和諧或不和諧的方式，與他人的能量相互作用。

大腦總是在接收不同的頻率和能量：家人、朋友、通勤偶遇的陌生人、吃進肚裡的食物、家中的電子產品、陽台的觀景植物等，都會改變個人和集體的振動頻率。到處都是數不盡的振動頻率，大腦每天都在儲存和處理大量的資訊。例如，在閒暇時間，我們每人每天可以處理三十四G或十萬個詞彙！這些詞彙會構成思想，思想又攜帶著能量波，接著身體會逐一處理這些振動頻率——獲取、儲存或丟掉它們。這可是非常大量的工作，而且非常需要合作！

你經常呈現的狀態，「主導」了你的氣場

雖然你的氣場中有許多不同的頻率，但其中確實有一個主導的頻率，是你多年培養出來的。簡單地說，就是你大部分時間屬於相對正面還是負面的狀態，而這通常是來自過去的程式（當然，是在你學習和應用本書的八個祕密之前）。你的能量主要是根據你大量的想法，所以**你腦中的想法決定了你的主導頻率**。當你的頻率很高，而且與宇宙對齊時，就會產生即時的顯化。你有處理資訊的能力、處於清晰的狀態，在宇宙的流動中自會允許美好的事情發生。如果你主要處於高振動頻率狀態，對別人也會有正面的影響，然後又回到你身上，就像迴力鏢。

想知道自己的主導頻率嗎？我們可以透過一個簡單的活動找出答案。

拿一張紙，寫下對你而言生活中最重要的幾個類別，比方說家庭、朋友、愛情、金錢、富足、事業、自我關係，以及整體的成就感等等。想一想你對每一項是否滿意，並在每一項的旁邊寫下「是、否、大概」。記得，不是要你自評在這些類別中表現得如何，而是**它們給你的感覺**。從你列出的「是」和「否」數量，就能看出你的主導頻率可能多高或多低。無論你現在的狀況如何，我保證在你讀完這本書，改善自己各方面的做法後，你的主導頻率一定會更高。

爲什麼在深入研究八個祕密之前，必須先檢視過去的程式和相關想法，其中一個原因，就是要先創造正向的主導頻率。

一天當中經歷各式各樣的情緒是很正常的，當你感覺到強烈的負面情緒，較好的做法是單純地將它視為能量反應，而不是賦予它令人沮喪的含義。能量總是在你體內和周圍振盪，所以你的感覺眞的就只是某個瞬間，有一波能量擊中你了，但你可以輕易讓它飄過，就像浮雲一樣，而不是附加一些思想並放大它們。這樣的心態可以創造心理距離，幫助你處理觸發點、理解它，然後繼續前進。

讓宇宙幫你實現願望的原理

那麼，氣場將如何影響你想顯化的有形生活和情緒呢？

所有的事物皆具有能量，你的場域會影響你周圍的原子和粒子。正如許多量子物理學的研究指出，原子會根據你的意念，按照特定的方式運行。許多通靈結果和私人實驗也顯示，觀察者期望粒子做什麼，粒子就會根據觀察者發出的意圖和能量照做。多麼吸引人啊！粒子的行為竟然是這樣被決定的。我們最期待發生的事之所以會發生，就是因為我們的期待是由思想能量驅動的。這是完全自動的過程，很難從實際行為中發現，因為我們無法察覺能量的傳遞究竟有多快。但我們都是相互連結的，那些原子、粒子會對較高的能量形式（也就是觀察者）做出反應，因此它們會按觀察者預期的方式移動和振動。要顯化未來時，如果你能將自己保持在高振動頻率狀態中，並帶著希望所有人都幸福的強烈意念，就有助於願望實現，思想便能夠快速、輕易地轉變爲實際事物，因爲你的思想和能量場是一致的。

更新神經通路，訓練大腦顯化

如同先前所提到的，我們腦中的想法，與自身體內及周圍能量相連，產生我們的行爲和現實。根據我們過去的程式，大腦會設定特定的神經通路，傳輸電流發送資訊。當你有了某個想法或經歷，它們會開始產生自己的振動頻率，同時，從心理學的角度來看，這些想法或經歷會提示你告訴自己「這對我產生了什麼意義」。而你賦予這些意義的根據，通常是來自於預先設定的神經通路，這些神經通路經過多年的雕琢，使你習慣以同樣的方式思考，而且通常會在碰到某些觸發點時活躍起來。因此，當你的大腦和氣場接收到特定的刺激，大腦就會一次又一次地發出同樣的能量和心理訊號。

你在本書中學到的方法，將幫助你打斷這種重複的訊號，以新想法取代舊想法，在大腦中打造新的神經通路。你的新思想將帶著高振動頻率，所以當你準備顯化時，就不會被過去的程式或隨之而來的低能量阻礙。不僅如此，接下來你對任何人事物，甚至你自己瞬間想法的自然反應，將被預設爲一種更強大的狀態，幫助你維持高振動頻率。這種經過改善的能量頻率，是宇宙能立即辨識出來並想要與之匹配的，因此，你就能以更迅速的方式顯化願望。

在經過降低大腦焦慮恐懼，與減少對自身無益信念的訓練之後，我的客戶突然能以極快的速度實現目標和理想中的感覺。雖然，這種現象我已經見證過無數次，但每一次聽到他們爲此興奮驚呼時，我還是會覺得很美好。我幾乎可以看到新的電流在他們的大腦裡，以全新的複雜模式飛快流竄！

由於大腦負責傳遞的能量訊息是如此龐大，因此，你可以了解到，努力探究並替換過去的程式及其相關頻率，是多麼重要。當你發出正面或負面的想法時，無論有無意識，你都會得到同等的回饋，而且它會在你的神經迴路中不斷被強化（這個作用近似於有些人說的「吸引力法則」，但我喜歡從更科學的角度解讀）。這種重新設定大腦的能力，屬於「神經可塑性」的範疇，也可說是「大腦可塑性」，指的是大腦的神經網路在成長、學習、經歷和重組過程中發生變化的能力。改變的範圍可以從形成新連接的單個神經元通路，到更系統化的變化，如皮質層重組。我在教顯化的時候，經常運用「大腦修剪」和「神經可塑性」的概念。「大腦修剪」指的是，大腦會強化經常使用的連接、自動移除不再需要的連接，所以如果你養成了一個新習慣，比如八個祕密中的其中幾個，你就能夠建立出新的路徑支持它，隨著時間的積累，你將得到的回報越多。

如果有個客戶告訴我，他覺得自己不値得被愛，那麼，我們就會一起努力破壞這條對他沒有好處的神經通路，並且積極地幫助他打造出新的通路，為更高的振動頻率、更好的能量輸出和正向的表現奠定基礎。多年前，在一次活動上，一位女士跟大家說，她覺得自己不夠好，沒資格追求她理想中可以幫助別人的工作，因為她女兒仍然在與過去的悲劇事件搏鬥。她的女兒被猥褻，而這位母親覺得她應該保護她的孩子，於是不斷地自我責備。

我們找到了這位母親問題的根源——一個不正確的信念：她必須懲罰自己。我把這稱之為她的「代價」，因為這是她認為自己做錯事而必須付出的懲罰。探究所有負面信念的背後，都是我們付出的代價，有些人是無法富足或出現健康問題，而這位母親則是自我厭惡。經過一系列的練習，幾個小時後她意識到，如果她偶爾感到不快樂，這沒有問題，但她不能一直為她沒有做的事情付出代價，這會讓她無法為其他人服務。她決定，她必須從感覺自己沒有價值、必須受苦，到宣布「就是因為女兒受過苦，所以更要幫助別人」。她重新審視自己的觀點，建立了一個問責系統，包括同伴支援和日常練習，以加強我們活動當天一起塑造的新神經通路。幾個月後，她獲得了我們公司的「愛與真實療癒師」認證，並持續去做她認為自己的靈魂必須做的工作——沒有罪惡感，只有愛和美好的意念。她的新心態也讓她更能幫助女兒，因為她從愛的基礎上支持、傾聽她，而不是出於內疚。

想法會成為實際事物，正確的想法能夠創造出以健康方式啟動的路徑，當你遇到困境時，這些正向的想法，就會自然成為你的預設值，改善後的新路徑，將會以積極正向的高振動頻率發送到全世界。這與發出低振動頻率的大腦區別在於，低振動頻率的想法是「爲什麼這件事變成這樣？我究竟出了什麼問題？」；把它翻轉過來，讓大腦通路重新連接，變成自然地想著：「我可以把什麼事做正確？我能夠如何改進？」

近朱者赤

當你看見自己周遭充滿積極正向的行爲時，你的成長和大腦可塑性是最強大的。這是因爲當你自己在執行一項動作，或僅是觀察別人在執行動作，都會啟動大腦中「鏡像神經元」的活性。然而，這些鏡像神經元，只有在你觀看自己可以執行的動作時才會被活化，如果你看到的是一隻鳥在飛翔，就無法發揮這樣的作用。此外，當你想像一個你可以做到，但當時沒有在做的動作時，鏡像神經元也會被活化。鏡像神經元有助於解釋爲什麼你有時能感受到別人的感受，就像你在看電影時，一個角色被刺了一刀，你可能會在他被刺傷時跟著皺眉，彷彿能感受到他的疼痛。在這一天剩下的時間裡，注意你有多常產生「好像自己就在做某項活動」的反應，儘管你只是看著別人做——比方說你的孩子從跳水板上跳下去時，你的胃會一沉；或是當你朋友咬了一口多汁的蘋果時，你也開始分泌口水。因爲大腦不是固定不變的神經元網路，它總是在建立或消除神經連結，試著找到更好的方式來管理和傳遞資訊，而看別人做你也想做的事情，等於是在告訴你的鏡像神經元「我也正在這樣做」，這可以創造和強化新的神經通路，進一步鼓勵大腦消除舊的負面回饋，建立新連結。

我媽總是跟我說：「如果你是房間裡最聰明的人，那你就來錯地方了。」她說得太對了！也就是說（尤其是對於你的顯化目標來說），你一定要經常去接觸那些你能夠向他們學習、你理想中想成為的人，這樣你的大腦就會去模仿他們。如果大腦不斷地在尋找積極正向的解決方案、靈感和愛，我們就會呈現出同樣的美好：我們將以更高的頻率振動，我們的身體將成為效率更好的電子天線，發出宇宙可以回應的頻率。振動頻率很高時，我們就能夠更快顯化出與最好、最真實自我一致的目標。

顯化如何療癒身心疾病

我在斯堪地那維亞的健康診所工作時，研究了許多疾病的身心根源，並運用各種練習和方法幫助患者康復，其中一些方法我也收錄於本書中。最重要的是，看到許多遭受嚴重疾病折磨的患者，疾病起因是源於負面思想或經歷，但是在接受非藥物與非傳統醫學技術的能量療法後逐漸康復，深深地建立、完整了我對於顯化的理論。

在研究情緒狀態表現在身體中引發的疾病時，我意識到，如果思想能量可以告訴心臟停工，或在肝細胞中製造不和諧——如果你和我可以改變身體這如此凝滯的物質，那麼，我們應該也能夠影響其他還沒有發生的現實，比如我們的工作或目標。就這樣，這個比喻讓我瞬間理解大腦有多麼強大，以及當我們沒有最佳的想法和振動時，大腦又會怎麼運作。它們如果不去重新想像一個完美健康的身體，就會助長疾病的產生，這種疾病或許有生理根源，比如感染或遺傳，但大腦會把這種症狀變成更大範圍、更有害的疾病。

讓我印象最深、最著迷的一個案例，是我在挪威診所時幫助過的一對雙胞胎兄弟。

他們都有多種過敏，對環境也有一些無法解釋的反應。順道一提，我們研究的過敏案例中，有九〇%都被證明是身心疾病。雖然這對雙胞胎的過敏症狀大多相同，但其中一位對蜜蜂嚴重過敏，被螫傷時甚至產生過敏性休克，另一位卻對蜜蜂完全沒呈現過敏反應。在與這兩位患者合作的過程中，我們發現，這對兄弟四歲時，有一天一起到樹林裡玩耍，在林中看見了一個蜂巢，覺得有趣，踩了下去，於是被報復的蜂群團團圍住。其中一個男孩馬上跑回家，立即得到媽媽的安慰，感覺到已經安全，螫傷也恢復得很好；另一個男孩卻不知怎地跑到更深的樹林裡，迷了路，數小時後才被發現，經歷了重大的創傷。結果，順利回到家獲得足夠安全感的孩子，長大後並沒有對蜜蜂過敏；在樹林裡迷路感到恐懼和孤獨的孩子，卻產生嚴重過敏。

所以，我幫助那位對蜜蜂過敏的男士，找出他因為這個事件而不斷告訴自己的信念，同時讓他理解：「缺乏安全感」正是這項身心疾病／過敏的根源。我也幫助他看出這個關於安全感的議題，是以什麼方式表現在他成年後的生活中，接著，透過一系列的對話，以及一種叫作輸送器的治療設備幫助他去敏，這部機器結合了可測量身體能量波長頻率的生物共振療法，以及使用血流、血壓和心率等各類型的回饋來控制非自主身體功能的生理回饋療法。結果簡直是奇蹟，幾次治療後就大幅減輕了他的過敏症狀。

我覺得這些研究最有意思的地方在於，疾病的原因和反應，在每位患者身上呈現出來的方式都不相同，例如同是母親議題所導致的症狀，未必都與心臟相關。這是因爲我們的神經通路極爲複雜，且每個人都有自己專屬的程式。即使如此，我還是可以幫助患者重新設定他們的思想，讓他們告訴身體停止傷害自己。我幫助他們破壞先前的程式和想法，進而改變神經通路、發出更高的電脈衝，如此一來，氣場也會改變，於是就能以此爲基礎，顯化出更健康快樂的生活。

我們大多數人都不知道，究竟是哪些想法出了錯，更不用說是要在無人引導的狀況下改變它們了。而且想法通常會形成根深柢固的自然反應，需要協同努力才能改變它們。這就是爲什麼最厲害的顯化者，會將這八個祕密深植於他們的思想與氣場中。你是什麼樣的人？決定如何度過你的每一天？將這八個原則確實融入你的生活中，你將越容易實現你最深切、健康的願望。

訣竅與重點

- 能量無處不在。你會不斷地與它互動，藉此判讀你的環境。
- 你周圍的能量和你處理它的方式，會影響你的身體、情緒、靈性體，以及你散發的氣場。
- 你想要什麼樣的能量，就盡量和那樣的人相處，他們也能夠幫助你維持你的振動頻率。
- 氣場中有許多不同的頻率，但會有一個你多年發展出來的「主導頻率」，取決於你通常是處於正面還是負面的狀態。
- 最佳的能量場狀態是能夠對壓力保持彈性，這樣你才能在真實生活中維持高振動頻率。如此一來，高振頻狀態也能讓大多數事物無法真的碰觸到你。
- 大腦會根據你體內和周圍的能量發出訊號。本書的八個祕密可以讓你停止發送負面頻率，用新想法取代舊想法，在大腦中創造出新通路。
- 當大腦習慣尋找正面事物、解決方法、靈感和愛時，你將以更高的頻率振動，你的身體就像強化版的電子天線，發出宇宙可以給予正面回應的頻率。當你的振動頻率很高時，你就能顯化得更快，並與最真實的自己保持一致。

第二部
強效顯化的八個祕密

第四章　#1 打造能量的檢查點

想成爲強效的顯化者，需要經過兩個階段：

1. 能意識到你的情緒和能量狀態，這樣你才可以——
2. 開始提升你的振動頻率到更正面的層級。

你可以透過每天定期進行能量檢查來做到。當然，不可能在第一次的練習中就將過去所有的程式處理完畢，讓能量立即提升到最高的振動頻率，但你將開始辨識出你的主導思想和感覺，以及它們是如何導致你經歷的各種經驗。（本書的八個祕密美妙之處在於，每一項都建立於前項基礎之上，儘管分開來你也能各自從中受益。）這是一個好的開始，接下來透過我們在後續章節中的合作，你將能夠清楚地梳理那些影響你的思想和情緒，打造出最理想的基礎，讓你能夠輕鬆且精準地進行顯化。

為什麼需要「檢查」能量？

能量檢查點之所以如此關鍵，是因爲它們會讓你清楚意識到，思想是根據哪些信念產生的，而這些信念將影響你的振動頻率和顯化能力。雖然一開始你必須辛苦一點，每天檢查好幾次，但請放心，這很快就會變成一種習慣。根據我的經驗，大概兩到三個月的時間，它就會成爲一種本能的動作。用最簡單的方式說，這個重要的第一個祕密可以幫助你眞正意識到每天情緒的高潮和低谷，讓你能夠進一步提升到更高、更集中、更一致的狀態，這是顯化最佳人生的核心。

當你頻繁檢查你的感覺的同時，你可以隨時調整你的情緒，當然也就可以調節你反應的能量。記住，當身體和能量場接收到能量頻率時，會將它轉化爲想法，創造出特定的情緒。當大腦處理完這些資訊後，就會發出新的信號，讓你向外發出能量頻率，在你的環境和振動場中引起反應。

能量頻率就像海浪一樣，日復一日在起起落落，當它們起伏的時候，大腦就會將大量的能量傾注到相應的感受中——正是這些感受決定了你的主導頻率。這些頻率是顯化的基礎，呈現出你有意識或無意識的欲望。強大的顯化者隨時都能夠意識到自己的情緒狀態，他們知道自己有能力創造一個主導的能量場，將更快、更輕易地實現他們想要的事物。

進行定期檢查最簡單的方法，是安排自我反省的時間，並致力於去處理任何你意識到的感覺和議題。等到你了解自己內心深處的想法後，就可以著手解決阻礙你前進的因素，並努力消除它們。換句話說，你在這裡所做的是將潛意識卷軸帶到意識層面，如此一來，就可以進一步移除癥結和障礙。這很快就會變得像呼吸一樣簡單，而且對你有很大的好處。在這一章中，我將教你如何替自己進行能量檢查，透過一些問題和練習，幫助你辨識自己心裡發生了什麼事。我鼓勵你持續運用這個方法，直到能量檢查成爲你的新常態。透過練習，你的大腦和能量場將開始與你的最高自我和宇宙的慷慨和諧一致，並且對自己的生活方式產生高度的意識。一旦你習慣這樣的檢查後，就可以進入下一個祕密，開始深入挖掘你在檢查過程中發現的能量結和程式。

嗶嗶嗶！檢查時刻到！

在你的手機、Alexa ＊或家裡的中心位置設定鬧鐘，每天響三次：早晨醒來的第一件事；中午，或是任何一個整天活動的中間時刻；以及晚上睡覺前。在接下來的十五天內，每當鬧鐘響起，你就要問自己下一頁中的六個問題；再接下來的十五天，逐步升級爲每小時進行檢查，持續八小時。在那之後，能量檢查將會成爲本能，不需要再設置鬧鐘了，只要感覺升起，你就會自動進行檢查。

在逐項回答問題時，請記得，做這項練習背後的能量，應該是冷靜的好奇心，接著是意識，而非執著或內在衝突。你的目標是擁抱這個過程，將它視爲有利於你的成長和進步，這是興奮又有趣的事啊！這些想法有助於引出正面的感覺和輕鬆的氛圍——而不是過於執著方法和神經質的反應。如果檢查的過程中，你發現自己感到焦慮或壓力很大，可以嘗試做些「接地練習」。把這些方法記起來，因爲剛開始做這件事，和接觸這些定義你的信念時，不管你多努力想透過好奇的旁觀者視角來看待它們，你可能還是會感到難以承受。這些很棒的接地練習，可以打斷並提升你的思想和情緒，同時充當模式阻斷的工具，所以你也可以將它們用於此目的。

我有一個客戶發明了立即舒緩的接地方法，就是一邊做開合跳、一邊大喊：「我是巨星！」這能讓她笑出來，有助於打破剛開始做能量檢查練習時的緊張感。其他接地練習包括做個簡短的祈禱，或把手放在心口做幾次深呼吸。另一個接地的方法是想像你欣賞崇拜的人（我曾經用歐普拉）在你面前拍手，彷彿在說：「今天不行，孩子！振作起來！」而我自己最喜歡的練習，是把你的想法變成動畫片。當你想起和媽媽那段令人沮喪的對話時，只要想像媽媽穿得像迪士

＊ Amazon Alexa，簡稱 Alexa，由亞馬遜公司推出，和 Siri 及 Google Assistant 一樣為智慧型助理。

尼公主，感覺就不會那麼沮喪了。

六大問題

以下是每次鬧鐘響起時，要問自己的六個問題。不需要背起來，因爲你會一直重複做這個練習，所以很快就會記住它們了，但一定要寫在便利貼或筆記本裡，這樣你才能看到它們。

1. 我現在感覺如何？從一到十分，給現在的情緒狀態打個分數。
2. 我爲什麼會有這種感覺？
3. 我是在重溫過去嗎？
4. 我是在擔心未來嗎？
5. 我認爲接下來將發生什麼事？
6. 這眞的是我的想法嗎？

現在，讓我們個別探索這些問題，讓你理解每個問題的意義，以及它們在更大的顯化目標中可能扮演的角色。你可以把答案記錄在日記裡，以便追蹤自己的變化和進步，但這不是必須的，如果你比較喜歡記在心裡面也沒關係。

你可以問自己……

問題1：我現在感覺如何？

你可以問自己的第一個、也是最重要的問題是：「我現在感覺如何？」在你問出問題時，注意當下的各種反應。你的反應可能很正面，也可能很負面，或介於之間。你的思想和身體回應這個問題的方式，是身體感覺、情緒反應、能量反應，還是某種組合？身體感覺呈現在身體上，如悸動、放鬆、肌肉緊繃、頭痛、肚子痛，甚至是身體抽搐。情緒反應源於大腦，可能包括快樂、愚蠢、羞愧和憂鬱等，情緒很容易辨識出來，因爲我們一直都在感受它們。

還有一種是能量方面的感覺，這就比較難察覺了，尤其是在你剛開始檢查時。要辨識出你和周圍能量如何相互作用，是需要經過練習的。對我來說，正面的、充滿能量的感覺，會在我的身體周圍創造一種活力充沛、帶電的感覺，以及我周圍空氣中的輕盈感；負面的情緒則會讓人感覺凝滯沉重，像濃霧一樣。

剛開始練習時比較有幫助的方法，是關注環境和能量場間發生的任何不尋常，這樣你就能知道環境中的能量，是如何與你的能量場相互作用。你會知道這一切正在發生，因爲只要你問大腦這個問題，它就會試圖從**心智**或**環境**來回答你，宇宙也會向你發送反映這些問題答案的「信號」。例如，你問自己感覺如何，如果你的感覺是負面的，稍後你可能就會翻倒飲料、踢到腳趾頭、發現合約被擱置，或像我一樣，有一塊紫水晶莫名其妙地從書架高處掉落到你頭上！如果是正面的，你可能就會注意到越來越多情況和關係正在進入正軌，你越是生活在一個提升的振動狀態中，這些跡象就會發生得越頻繁。信號的創造過程始於神，但由於你與神共同創造，它們最終會顯化，因爲神的能量將與你融合。

重要的是要順應所有類型的感覺，因爲正面和負面能量對我們的影響非常不同。我相信當負能量來襲時，它們會以能量印記開始，然後顯化在情緒體中，如果你不處理這些情緒，它們就會以**疾病**的形式顯化在身體上。這就是爲什麼最好在情緒產生問題之前提早管理它們的原因，問題發生後勢必需要付出更多心力解決，就不是在一整天中多次檢查能量這麼簡單了。不過好消息是，當你的情緒是正面的，它們也有能力逐步擴大，取決於你投入多少能量。所以，如果你醒來時感覺精力充沛，或在午餐後感覺很樂觀，若情況允許，暫緩手邊正在做的事，試著讓自己記住那種情緒狀態在頭腦、身體，甚至能量場中的眞實感受。最終，你會找到匹配甚至超越這些感覺的方法，表示你已處於更高頻率的流動狀態了。

既然情緒不只會激發我們有意識和無意識的思考與行爲，還會影響我們的振動頻率並產生顯化，我希望從現在開始，你只將它們視爲客觀的回饋：它們只是你對一種無所謂正面或負面的情況產生的反應——僅止於目前狀況產生的反應。如果你感到焦慮或暴躁，不要看得太嚴重；如果你感覺很好，也不要想太多。你將在後續的檢查問題和本書後面的內容中，再次得到這種回饋。

現在你意識到自己的感受了，想想這些情緒是突發或是累積的。深入探究這一點非常必要，因爲大腦將評估處理情緒根源的準備。與長期積累的情緒相比，突發情緒在它們的嬰兒期時比較容易處理，錯過這個時機，它們就會很容易與阻塞能量及其他情緒混合在一起，成爲更複雜且持續的混亂狀態。所以，如果你立即注意到，你現在的感受是由於昨晚和爸爸爭吵所導致，那麼可以肯定這是突發情緒。然而，如果你察覺到的感受相當熟悉，和這星期或這個月每天醒來時差不多，那麼，它可能就是由某種你需要解決的長期情況所觸發。

最後，從一到十分，給自己的感覺打個分數。如果你有記錄在日記裡，就可以比較現在和過去的分數。這可以幫助你觀察自己的進步，看出你情緒的變化、進步幅度，以及這些進步如何神奇地引導生活逐漸步入正軌。

問題 2：我爲什麼會有這種感覺？

現在，你已經能夠連結到自己的感覺了，接著我們來探索一下，這些感覺與哪些情況有關？這個問題的用意，是將潛意識拉升到表意識，如此一來，我們就能夠順利偵破限制性信念。

限制性信念創造出的想法，將阻礙高振動頻率和正面的顯化。如果你的潛意識根植於恐懼之中，如同大多數人的限制性信念和隨後的想法，在這樣沉重的狀態下，不可能創造有意識的顯化。但是，如果你能夠將事件帶到意識層面，就可以採取方法化解擔憂，直到它們不再是個問題。比方說，今天早晨醒來時，你感覺肚子好像打了結一樣不舒服，但你隨後意識到，這是由於最近分手讓你心煩意亂所造成，一旦你意識到自己正被什麼事件影響，就能夠對症下藥。

如果感覺是和正面情境聯繫在一起呢？這是件好事！這時會產生正面的振動頻率，你所要做的就是熟悉這種感覺，讓自己之後能夠在類似情況下察覺到它，這樣就可以維持，甚至盡量頻繁地提高這種感覺/頻率。如果你注意到自己在散步過後，或和可愛的孫子玩耍時，感到相當快樂、滿足，你就應該常常從事這些活動，並且積極尋找能帶給你類似正面感受的其他活動和同伴。一再重複創造這些活動的頻率特徵，等於是將能量常常維持在相似的正面振動，且能夠進一步吸引更多與這個有意識能量匹配的機會。漸漸地，你會和這個高振動頻率合而爲一。

回到問題：「爲什麼會有這種感覺？」答案可能很明顯，也可能相當複雜。你可能因爲一些簡單的事情開心，比如和你喜歡的人說話，或是看了有趣的電視節目。如果感覺很糟糕，可能是因為擔心金錢、孩子、工作、婚姻，或以上的所有問題。大多數人開始檢查能量，並發現自己有負面情緒時，通常都不知道自己為什麼不開心，必須有意識地去探索才能找到原因。

這些年來，我發現，如果你不能立即找出自己心情不好的原因，可能代表了你的大腦不想面對答案。如果有人對我說：「我不知道我為什麼不高興。」我就知道有個深層的問題正等待被連根拔起。你心裡可能認定了沒有任何方法能解決這個問題，認為找方法將引起太多痛苦或不舒服的情緒，甚至下意識地擔心須重溫創傷才能得到療癒。簡而言之，你的內心會試圖努力保護你，但隱瞞創傷無異於蓄意破壞。

好消息是：你不需要投入很久的時間深入挖掘，究竟是哪些信念削弱了你的想法、阻礙了你顯化正面事物的能力，不需要花費數年接受心理治療，也不需要不斷重溫創傷的根源——你只需要辨識出從那個負面情況產生了什麼信念。這點我們將在下一章講到。我從一段被虐關係中產生了這樣的想法：我總是被別人利用、男人都不是好東西。於是我的現實開始發生這樣的事情，因為我一直活在這個信念之中。如果我一直執著於創傷，直到它成為我的身分認同，我就是讓自己處於低振動頻率狀態。審視那些圍繞你創傷形成的信念，這一點非常重要，這樣你才能消除它們。但這個意念背後的能量，應該保持深思熟慮、清晰和冷靜。為了確實療癒那些影響你顯化的信念，你必須剝開足夠多層，才能處理過去阻礙你潛意識卷軸的程式——確認你的信念究竟正確與否。（劇透一下：很少是正確的。）

問題3：我是在重溫過去嗎？

確定了是什麼情況讓你產生現在的感覺之後，請思考一下：之前你是否也曾經歷過相似的感覺？它是否讓你一直停留在過去走不出來？

我們經常讓幾天、幾個月，甚至幾年前發生的事掌控我們現在的感受，但那不是現實生活。當你活在過去，要不你就將試圖重新創造它，要不你就會加速逃離它。這可能發生在較深層次的問題，例如想恢復一段已經結束的舊日戀情，或迴避讓你感到痛苦的類似情況以避免再次受傷。也可能發生在日常瑣事中。

我永遠不會忘記，大學的時候我在一門商業課程上做了一個很重要的報告——含蓄一點地說，那不是我最好的報告。報告開始前我極度焦慮，報告過程中我非常害怕，報告結束時我簡直可說是用逃的回到座位上，好像我根本不是上臺報告，而是在臺上胡言亂語了二十分鐘。雖然我表現得還可以，得到的成績也還不錯，但這次經驗摧毀了我上臺演講的信心。持續了很長一段時間——成年後的許多年間，我都避免參加得站在眾人面前的大型活動，無論機會和報酬有多難得。我一直無法擺脫過去，總認爲每一次都將和當時的課堂報告一樣，讓我感到脆弱、羞愧。在我能夠再次接觸廣大人群之前，我必須非常認眞地消除這種信念，以及由它而生的各種想法。今天，公開演講對我來說已經不是什麼大問題，因爲我知道，過去已經發生的事，與現在正在發生，或潛在可能發生的事之間，並沒有眞正的關聯。

重溫過去有個很明顯的問題：無論你緊抓的是正面或負面記憶，你都將錯過此時此刻世上所有美好的（或至少是中性的！）情緒和經歷；你也可能將自己困在一個糟糕的場景或停滯的能量圈中，因爲你不自覺地在不斷顯化過去的經歷，以及與之相連的停滯能量中。更重要的是，你的大腦生活在過去（或未來），但**你的心只能生活在現在**。我發現最令人印象深刻的顯化，來自於心的空間，被愛的能量頻率滋潤，這部分我們將在後面的章節中探索。

問題 4：我是在擔心未來嗎？

無法活在當下的現實，除了被困在過去，另一個常見的原因是擔憂未來。當你爲未來憂心時，你無法專注於眼前正在發生的事，你的想法、能量，將全部被投注於可能根本不會發生的未來。**你可能會認為這是在自我保護，但往往將適得其反**。

在我過去嚴重焦慮時，我會預先設想所有可能發生的負面情況，並提前爲每種情況擬定應對計畫，以便爲這些情況可能造成的創傷後果做好準備。甚至，小時候在學校，如果我知道等下我必須在全班同學面前大聲朗讀，我會開始數有多少同學排在我前面，這樣就可以預先準備輪到我時要讀的部分了！然而，正是這種恐懼的心態，讓思想能量開始與物質相互作用，使負面假設成爲現實——但沒有任何人希望這樣！對未來的正面預感也可能會實現，但在你學會穩定地維持高振動頻率之前，這通常不會發生。當你能夠做到的時候，你會對即將發生的情況了然於心，並有信心所有的好事都會成眞。

當你意識到你正以正面的方式活在未來的那一刻，你的能量就將往更好的方向轉變。你會變得很清明，用這個清晰的視野檢視你的下一步。顯化很像在塡裝一個容器，如果你不斷重複糟糕的程式，或將負面意識投射到未來，一個裝滿限制性思想、信念和過去創傷的容器可能會導致反顯化——或至少，會讓你不停空轉直到抓狂！好消息是，你已經在學習平衡這種情況所需的所有工具了。

問題5：我認爲接下來將發生什麼事？

到這一步，你已經對自己的感受進行了評估、指出你懷疑的原因，並注意到它們是讓你活在過去還是未來——是時候進行一次大膽的現實檢驗了。在你問完自己前四個問題，你的能量就已經開始轉往更好的方向了。這樣的意識是你在過程中的重大成長。你已經準備好進行心智的改變，雖然的確還需要更多努力才能眞正做到。現在，請根據你的感受，和你對這些感受的認識，問問自己：「我認爲接下來將發生什麼事？」你可能仍然維持你平時的假設，但很有可能，你會比從前少一點懷疑。這很正常，也是一種進步。

人們傾向於用一種狹隘的隧道視野看待世界，這需要付出一些努力才能改變。我們會認爲：**如果我今天感覺這樣，之後我也將永遠這樣**——我們很少會意識到能量**隨時**在振盪，你所經歷的只是時間長河中的某個**瞬間**，不會是永遠。

我的客戶珍，有一間美甲工作室，多年來每次爲生意投入廣告費用，看到支出在帳戶留下的缺口時，她都會感到焦慮。雖然她知道廣告必須花錢，而且每次投資都能看到報酬，但珍從小就很窮困，所以她的本能反應會使她短暫地認爲那個金錢缺口將永遠存在。從這個例子中，能看出我們傾向於負面偏見，也就是我們心裡有一種根深柢固的傾向，讓我們較容易記住負面的刺激，然後沉浸在這些負面的感覺和事件中。這可能會讓我們覺得受責備時的難過感受，比受表揚時的快樂更加強烈，這些想法全都會影響我們的振動頻率。我們很容易認爲如果發生了不好的事，就將永遠持續下去；如果發生的是好事，反而不會持續太久。這根本不是眞的，一旦你改變了這些程式，回過神來，將發現自己從前的思維是如此短淺！

問題 6：這眞的是我的想法嗎？

如果你在檢查時，發現你眞的不知道現在經歷的感覺從何而來，由過去的程式中也無從追溯起，那麼，很可能你感受到的是一種「共感能量」，是來自於別人，甚至是同時來自多人的感覺。

無論是來自老闆、另一半、朋友，或是像氣味或聲音這樣的感官體驗，當這股能量衝擊你的時候，你是會知道的，因爲它改變了你的感覺。再說一次，這些感覺會影響你和你的頻率，無論是提升還是降低，都會影響到你的振動場，變得更通暢或更凝滯。

我們的生活中充滿了各種能量，所以很容易吸收到不是來自於自己意識或潛意識的能量，而且一旦不小心，可能就會被抓著不放，被迫接收它的能量。假如你今天一早醒來就感到焦慮，在回答完前五個問題後，還是無法連結到任何可能引發你焦慮的經歷，那麼你可以想想：在過去四十八小時內你接觸過什麼人？和哪些朋友或家人交談過，他們正在經歷什麼？那些和你一起住的人呢？尤其是和你同床的人（我們睡覺的時候會釋放和分享很多多餘的能量）。

我們吸收他人能量的非凡能力，讓我想起了我在斯堪地那維亞合作過的一位女演員。她沒有嚴重疾病，來找我的原因，是希望學習讓自己身體更健康、心靈更祥和平靜的方法。當我們用特殊裝置，測量她的身體有多少多餘的能量頻率時，數字顯示她的能量場中承載的能量，已超過正常或健康的數値。我很快發現原因有兩方面：首先，她一直守著一個巨大的祕密（關於她的性向），這件事爲她帶來大量的負面頻率，讓她不時呈現焦慮、精神狀態不佳和就是感覺很不對勁的狀態；再者，來自狂熱粉絲的能量加劇了這種狀況，他們在不知不覺間，經常將自己的能量附著在這位女演員身上——我認爲這是讓這位女士的頻率達到極限的主因。我們協助她重新平衡能量，首先，幫她建立在大眾面前出櫃需要的安全感，讓她相信觀眾不會因爲她的性向而停止愛她，這部分要釐清她對母親的愛與相關想法的信念。一旦這個沉重的心理負擔消失，她的能量自然就上升了，使得他人的能量從此很難依附在她身上，不會再經常因外在的頻率干擾感覺不舒服了。

如果你懷疑自己吸收了其他人的能量，可以透過洗瀉鹽浴、運動、靜心冥想等簡單的方式輕鬆清除，或花時間與那些能讓你自然恢復高振動狀態的人在一起。當你持續處在較高振頻狀態，其他人的能量就比較不會依附到你身上，而是會通過你能量場的篩檢程式後流回宇宙。

接下來呢？

請持續練習能量檢查。隨後這個動作將變成一項本能，只要你覺得有正面或負面的感覺在影響你的頻率，你就會自行啟動檢查。

這樣的檢查也將成爲大腦重新連接時不可或缺的一部分，雖然大腦會持續調整自己的線路，但通常你每天都會被同樣的痛點觸發、專注於同樣的痛點，你對它們的反應也都差不多。你的生活之所以感覺像迴圈，是因爲你總是根據大腦長久以來建立的神經通路，不斷對類似的刺激做出反應。舉例來說，當你告訴自己某件事、某段互動的意義，或重新想起某段記憶時，電流就會在大腦中傳遞，而且它傾向於用與過去類似的方式流動；但當你透過上述六個問題進行檢查時，就啟動了神經可塑性，大腦會開始重新建立連結，加上大腦的突觸修剪，新習慣和思維模式就會建立出新的神經通路。我見過無數因爲每天進行檢查而產生新神經通路的案例。

我的客戶金有歷史創傷、因宗教及家庭問題引起的人際衝突，還有因伴侶不忠而突然離婚的經歷。她覺得自己就是悲傷、失敗者的來源，認爲自己是「有史以來最糟糕的顯化者」。

金和我從一些能產生重大影響的小改變開始做起——每天的能量檢查是必須的。在最初十五天裡，她用手機設定每天三次的鬧鐘，每次鈴聲響起時，她就會寫下自己的感受。一開始，金不喜歡她的感覺，所以有點卻步。羞恥、憤怒、沮喪都探出了醜陋的腦袋。她一開始寫下：「我的心理和情緒狀況比我想像的還要糟糕，這可能要花好幾年修復。從我有記憶以來，我就一直都有這種感覺。」值得慶幸的是，金的預測錯了。她以能量檢查搭配接下來章節中分享的其他工具，順利建立起中斷負面狀態的簡單系統，使她可以在新的畫布上重新創造。

不到一星期，金就說她感覺「不一樣」了；三個星期後，「不一樣」變成了「相當不錯」，接著又變成「有力量了」；六個月後，金創辦了自己的事業，並勇敢與曾經有衝突的家庭成員對質。如今，她有一個可愛的男朋友，他們一起環遊世界。金不再像過去那樣需要我的協助了，儘管她最近承認，當她感覺不舒服時，仍然會做能量檢查，讓自己回復到平靜的狀態。她告訴我：「除此之外，我每天最主要的感受還是感激和無條件的愛。」這就是我們的目標！

在你成爲能量檢查的高手後，我們接下來要整理你的能量結。第二個祕密將開啟處理你過去程式的過程，好讓你能從乾淨的石板上顯化，並啟動你的能量場來達成你渴望的豐盛。

訣竅與重點

- 能量檢查的目的，是讓你能夠高度意識到自己的信念，因為信念會產生想法，進一步影響你的振動和顯化能力。
- 雖然一開始你得辛苦一點進行能量檢查，但很快就會變成習慣了。
- 能量頻率就像波浪一樣，整天都在不斷起伏，當它們起伏時，大腦就會將大量的能量傾注到相應的感覺中。這些感覺決定了你的主導頻率，有意識或無意識的欲望就由此顯化。
- 進行能量檢查時應該抱持著冷靜的好奇心和意識。
- 負能量來襲時，一開始是種能量印記，接著會顯化在情緒和身體上。在這些情緒引發更深層的問題之前，請搶先一步療癒它們。
- 當你活在過去，你不是試圖重新創造它，就是試圖逃離它。
- 我們的生活中充滿了各種能量，所以很容易吸收到不是來自於自己意識或潛意識的能量。
- 生活之所以感覺像迴圈，是因為你不斷地對類似的刺激做出反應，這些刺激又將一再觸發大腦長期以來根據這些刺激建立起的神經通路。

第五章　#2 解開能量結

想像一張錯綜纏繞的漁網——如同你和過去各種無益連結的糾纏景象：那些爲你帶來負面影響的因素、你認爲自己不得不扮演，以讓自己和他人感到安全的各種角色，這種種因素加在一起，造就了不眞實的你，還拉低了你的能量。

這張網中，必定有個最初的結，是你第一次產生有害信念時形成的，這個信念產生了令人不舒服的想法和感覺，隨著時間推移，和更多事件互動強化，拉緊了最初的纏結，使它變得更複雜。最終，這個巨大的結，或許還加上許許多多細小纏繞的結，纏縛出凝滯、令人無法承受的混亂心靈、生活經歷，以及能量場，感覺幾乎無法解開。

清理能量場是可以實現的，不過必須先解開導致凝滯、阻塞和糾結能量的程式，這樣才能讓自己從堵塞能量場的負面因素中解放。接著就能夠提高振動頻率，爲順暢的顯化做好準備。解開纏結的過程，你會找到引發所有混亂的第一個結，開始處理它的各種扭曲迂迴，讓自己走上夢想生活的道路。

從上一章中，你學會了如何檢查自己的能量，現在，你的心智應該已經爲面對某些嚴重的混亂做好準備了。你學會隨時自我覺察、認知到自己為何會產生某種感受、你是生活在過去還是未來、這些感受讓你對即將發生的事有怎樣的預判，以及這些感受是來自於自己還是他人。簡單地說，透過這個過程，你對自己的感受變得高度敏感。現在，你更能夠意識到自己的情緒，它們又與發出明顯振動的思想連結在一起，該是時候調查那些負面程式的根源並去除它們了。在這一章中，我將教你如何解開能量結，在不經意間重新調整你的大腦和反應，讓你完全顯化並實現你的目標和欲望。

為什麼需要「解開」能量？

不去檢查凝滯、阻塞和糾結的能量，會造成不良後果——正如你所知道的，顯化能力下降就是其中最主要的一個。讀到本書的最後，你將清理完能量場，也提升了振動頻率，能從最佳的地方進行顯化。釐清那些造成能量結的信念、思想和感覺，將使這個過程輕而易舉。但是為什麼會這樣呢？這樣的練習還能讓你的人生如何獲益？

糾結、凝滯的能量，將迫使你活在不眞實的狀態，那不是你的核心——不是靈魂中眞正的你、不是神設計你成為的樣子。也就是說，不是你在高振動生活中蓬勃發展的最高自我。如果你不去處理糾結、阻塞和凝滯的能量，你就會一直依附在過去，繼續用無法代表「眞實自我」的大腦空間運作。但是，如果你開始做眞實的自己，狀態將截然不同，你將從純淨、高維的視角和能量頻率爲基礎，去相信、思考和感受。本質上來說，就像回到嬰兒時期的純粹，擁有非常清晰的能量，以及與神共同創造的無限潛力。這是在程式改變你的身分認同、創傷扭曲你的自我認知之前，你最眞實的狀態。疏通能量的重大目標，是回到神創造你成爲的那個人和靈魂。

多年前，我在浴室鏡子前那個關鍵時刻，當我把生命交託給神，請求神根據神聖計畫使用我的最大潛力時，我記得有一股能量沖刷過我的身體，比我所感受過的任何事物都更崇高聖潔。我相信當時我的靈魂，在那一刻已達到當時的我所能達到的最高能量，那是一種在各式人生經驗改變我之前，來自本質的我所自然散發出的頻率、最純淨且無限的潛力。從那以後，我就不斷透過接收通靈訊息，宣揚所有人都能夠感受到這股能量。我曾認爲愛的能量就是終極頻率，但它甚至存在於比愛的能量更高的層次。我喜歡稱這種發自最眞實自我的頻率爲「是」（is）能量：它是所有事物完全合一的能量。它就是「是」——每一次我努力解開糾結的能量，我觀想著的終點線。

如果你不處理能量結，就會繼續重複同樣的負面情況，對低振動的刺激和觸發物做出同樣的反應，成爲特定行爲模式。意思就是，你不但日復一日從阻礙顯化的低振動頻率開始運作，甚至還一再強化不理想的神經通路。

如果你每天沿著同一個方向穿過田野去朋友家，就會走出一條小徑，對吧？草的生長方式開始變得不同，如果你走了夠多次，再讓別人走你走過的路，他們就會看到你開闢出的路徑。有趣的是，每次你離開家踏上旅途時，大腦就會不由自主地認爲這條路是最輕鬆的路徑。走這條路變成了自動的過程，你會在看到樹、花和草地之前就預料到它們會在那裡。但是這僅代表了你對這條路很熟悉，並不表示它是最輕鬆簡單的。到朋友家還有很多條路，只是你還沒有進行更多探索，就用了非常簡單的方式，選擇你認爲阻力最小的路徑，而你的神經通路也有類似的傾向。

也許最重要的是，解開糾纏的能量，能幫助你清晰地理解和駕馭人際關係及環境，因爲你將以更高的振動頻率運作、帶著更多的愛。在能量上，這種輕盈的愛的頻率，讓大腦能在生理方面更清晰地處理資訊。我將在第七章中，更廣泛地討論愛在多方面能展現的力量。

愛最神奇的是，它的頻率可以改變一切，這是我在挪威幫助因各種不同創傷引起身心疾病的患者時的體會。在我們進行治療時，我發出的愛的頻率，讓他們的潛意識「冷靜下來」，當然前提是患者自己也願意，不過這確實能夠讓患者放下戒心，不把變化視爲威脅——這一點非常重要，當你感覺輕鬆、思維清晰時，你才能夠開始尋求最有益的解決方案。

不只如此，這可以鼓勵你尋找方法來改善情況或關係，而不僅是希望將它從你的視野中完全消除。在你解開能量場的糾結，達到更高的能量狀態後，就是從根本上把凝滯的舊實相轉變爲一個更高、帶著愛的新實相。

讓「自己」成為解決方法的露易絲

我有一個客戶露易絲，她和父親的關係非常糟糕，這深深影響了她，且深植於她過去的程式中。露易絲的父親後來得了失智症，當露易絲成爲他的照顧者時，父親竟對她變得更爲殘忍、挑剔。露易絲立刻感覺到，如果要保護自己不受父親攻擊，她就必須做出選擇：她可以扮演一個孝順的女兒，任由父親的攻擊摧毀她；或者聘請看護，讓父親徹底離開她的生活。但是，在露易絲多次檢查、梳理自己的能量後，她開始變得柔和，能量隨之提升，她意識到還有第三個選擇：讓自己成爲解決問題的方法。

她的觀點開始轉變，也變得更加清晰。她開始將父親視爲一個受傷的、需要愛的孩子，以此來回應他，結果父親也開始對露易絲更爲和善，他們都變成了更有愛的自己。露易絲轉化（而不是消除）、支撐了她和父親關係的能量，而這件事之所以能夠改變，都是因爲露易絲努力提升了自己的能量場。

或多或少都有，解開就好了

正如我提過的，能量糾結的主要因素有三項：過去的程式、當前的挑戰，以及我們爲了讓自己和他人感到安全而強迫自己扮演的角色。稍後我會解釋如何解開糾結的能量，但現在，我想說明的是，你的思想、感覺和能量被纏繞成結，是多麼容易又正常的事。哪怕只有一秒鐘，我也不想讓你覺得，有個較低或凝滯的能量場是一件羞恥的事。

因爲這是生活在這個星球上，應對各種挑戰的自然結果。

我曾多次由通靈過程接收到訊息表示：身爲人類，我們的存在是爲了學習經驗，不斷地從令人興奮或痛苦的經歷中成長。一旦你找到造成能量糾結的想法和情緒根源，你將體會到竟是如此地不可思議，當你能以一種輕鬆、富足的感覺在這個三維世界中流動時，人生將會變得多麼輕鬆。聽起來是不是很夢幻？你甚至可以暫停一下，想像一種輕鬆無負擔的感覺流遍你的全身與周圍。這其實就很接近你在高振動場域中會有的感受。感覺很棒，對吧？好了，現在回來吧，我們還有事情要做！

你可能已經猜到，過去的程式會形成複雜糾纏的能量場，在這個基礎上將造成你起伏不定的生活。直到現在，它都一直被餵養著，也將繼續塑造你的價值觀和賴以生存的規則。如果你的過去只充滿鼓勵的訊息和讓人充滿力量的記憶，那就太棒了，但當然，這跟現實相差甚遠。

克莉斯蒂：宗教使我覺得自己是個罪人

我們每個人過去的程式中，都有扭曲信念和想法的印記和創傷，就算它們一開始是出於良好的意圖。我的一個客戶克莉斯蒂，從小就被教育成一個虔誠的天主教徒，成年後，她最想要的就是找到一個完美的靈魂伴侶。然而，克莉斯蒂根據天主教積極的教導，認爲她是個罪人。她內化了這個觀念，認定自己是一個天生的壞人。這個信念產生的想法是，她必定會破壞她遇到的、有希望的所有美好戀情。隨著時間推移，她這樣的信念、思想和感覺變得更加牢固，也更廣泛地深入到她生活的各個層面。像是克莉斯蒂和朋友失去聯繫，或和姊妹吵架時，雖然她會爲這些情況禱告，但結果可能還是不如人意，因此克莉斯蒂更加強化了懷疑，使她認定自己是天生的壞人，並產生了另一個扭曲的信念——如果她向神要求太多，神就會無視她、不應許她。很快地，克莉斯蒂覺得自己成了身邊所有人的負擔，這讓她相當懷疑自己，認爲自己並沒有能力找到一個無條件愛她的伴侶。

我們的根源信念在成年後竟會長出這麼多笨拙的枝幹，實在是很奇妙。

克莉斯蒂過去的程式，原本是一套出於善意的價值觀，後來不知怎地逐漸演變成一團混亂，破壞了她的自我形象，更影響了她生活的所有方面，使得她保持在低振動頻率。處於這樣的頻率中，使得克莉斯蒂無論多麼努力禱告或試著改變顯化物，都沒有什麼效果。直到她開始規律地檢查自己的能量、開始釐清導致她當前心態的信念和想法時，她才終於能消除產生惰性能量和打擊她靈性的根本問題。在那之前，克莉斯蒂從未想過，她無法找到伴侶、無法瘋狂地墜入愛河，其實與她小時候被灌輸的、看似與此無關的宗教信念有關。

拉拉：現在和過去交纏在一起了

當下的負面因素，也會產生凝滯、糾結的能量。最近，我的朋友拉拉，和我說她和表妹芭芭拉之間，發生了一次不太愉快的互動。芭芭拉因爲積欠稅款感到壓力很大，但拉拉非但沒有專注傾聽和同情芭芭拉，反而感到焦躁又困惑，甚至想痛斥芭芭拉的不負責任。在拉拉讓這些負面情緒吞噬掉她們之間的連結之前，她進行了能量檢查，探索自己爲何有這些不尋常反應。拉拉才發現，是自己現正經歷的某些因素——筋疲力盡、工作快到最後期限、造成家裡吵得沒完沒了的施工專案等，影響到她對芭芭拉這件事的反應。拉拉也明白了，這些當前因素與童年時期的需求交織在一起，也就是她總覺得自己必須替別人解決問題，而錢的問題，尤其是在報稅季節時，在她的成長過程中一直都是個具有威脅性的話題。你可以看到，當前的情況與過去的情緒攪和在一起，使得她對芭芭拉的問題產生複雜的反應。一旦拉拉解決了這個複雜的障礙，她的能量就提升了。她現在是由更高自我運作，於是就能夠發揮同理心支持芭芭拉了。

療癒角色創傷

我發現，促成糾結能量中最有意思的因素，是在某些特定情況下，爲了使自己或他人感到舒適安全而不得不扮演的角色。在與多位患有解離性身分障礙症（Dissociative identity disorder, DID），也就是所謂的多重人格障礙的客戶，包括一些我自己的親人合作後，我發展出我自己的「人物角色理論」。我意識到，我們每個人都會創造出某些角色，來處理問題和觸發點（需要說清楚的是，我並非是指DID患者的情況能與其他人一概而論，只是這些患者的經驗，啟發了我找出一種十分有幫助的新方法以挖掘過去程式）。所以，雖然你可能沒有因DID這項疾病所苦，但每個人都會創造一些表面角色來解決問題，保護自己免受某些感覺或重複的創傷，並幫助自己或認識的人感到不會受傷害。它們源自我們的過去，而我們還沒有去調和它們。

學會了能量檢查，我相信當你現在遇到需要解決的感覺時，已經能夠很明顯地意識到它。這個過程會被單一的觸發點或交互影響的事件觸發，你感受到這些感覺時，大腦會從你創造角色的角度做出反應。比如，在我二十幾歲的時候，曾和一個有問題的男人約會，他不僅出軌還總是說我胖。他喜歡捏我肚子的肉，暗示我的身材有很大的進步空間。在他抓住我腹部皮膚的那一刻，總會引起我的自我厭惡——這成了我的一種角色。我感覺自己配不上他，也很快開始認爲自己在其他方面也不夠好。我覺得自己像個失敗者，當他和其他人引發我的自卑感時，這個角色就會出現。雖然它不是基於事實，但這個角色就是會突然跳出來處理／解釋當時的情況——也就是說，我男朋友覺得我不如別人，所以我就成了那個角色，而且它是出於低而糾結的能量。這種能量來自我十幾歲和二十幾歲時的程式，它堅持認爲，如果我不能成爲別人希望我成爲的人，我就會被拋棄。這讓我變成了一個虛僞的討好者。

問題是，**你不能就這麼脫離一個角色，它是你的一部分，需要被理解**。這個人物角色有自己的責任，它會試圖掌控狀況，這種潛在的需求永遠不會消失。你可以解除角色的信念、想法和感覺，但我發現，驅動這個角色的需求很難消除，因爲它依附的記憶將永遠是你的一部分。在這裡我們要做的，是療癒圍繞著這個角色及其後續的能量，而非消除它，因爲你永遠無法抹掉過去。那麼，你如何以提升後的方式滿足角色的需求呢？首要的起點是解開產生創傷角色的元素和能量，釐清是什麼讓這個角色一直維持它的低頻能量。

開始解吧！

記住，當你受到觸發，在進行自我檢查時，要給自己的感覺命名，將它們與原因連結起來，辨識一下你是活在當下還是仍活在過去，想想你認爲會產生什麼結果，並確保你感受到的能量是來自於自己。接著就可以開始解開糾結能量——但只限於當你發現負面的感覺和程式時才這麼做。如果你的感受是正面或快樂的，就不需要去解開它了，因爲你已經處於上升的振動狀態。而且如果你感覺良好，在檢查問題中，你已經思考過自己怎麼會有這樣的感覺，以及如何匹配和複製那種氛圍，這樣你就可以更長時間、更頻繁地體驗那種感覺。這種練習只適用於阻礙你日常生活的單一或重複情緒反應。

再次強調，要解開過去程式與能量的最簡單方法，就是與你創造的角色一起處理眼前的觸發點或問題。在你確認了感受後，我建議你思考一下大腦是用什麼角色去理解或界定它們的，這可以幫助你確定低頻狀態的來源。很快地，你會明白你現在的感覺並沒有最初想像的那麼強烈。你現在會覺得它是個大問題，只是因爲它來自過去或未來那些尚未被療癒的想法。

爲了幫助確定你的角色，問自己三個問題：

1. 我現在正告訴自己什麼？
2. 我現在是什麼角色？它現在需要的是什麼？
3. 我該如何以提升後的方式滿足這個角色的需求？

假設開會時，你發表了一個主管不贊同的意見，被當著大家的面責罵。你立即感覺焦慮，可能想要辭職、跳上飛機去大溪地度長假，或Google一個咒語讓自己永遠消失。然而，這些都不是現實的選擇。當你回到座位後，你進行能量檢查並問了自己一次角色問題，想弄清楚為什麼你會有這樣的感覺。

你發現原來你是在告訴自己：「我害怕失去工作，不想像十年前那樣身無分文。」那麼，這個角色就是「破產的你」，你的需求是安全感和養家糊口。

最後，這也是轉捩點開始的地方，你意識到，其實自己能夠以更高頻率的方式來滿足「破產的你」的需求。比方說，你可以更新履歷，或多做一份兼職以增加存款。或者，在較為平靜之後，你可能會認為自己反應過度了，你主管最近的心情似乎總是不太好，這不是你的問題，因此在附近散步一會兒就足以緩和心情了。這些選項都能讓你放鬆心情、充分體會自己的感受，從而以正向的方式改變自己的能量。

聯想到兒時孤單經驗的辛蒂

我經常聽到的另一個觸發點（尤其是女性），是害怕被其他媽媽拒絕。當父母的人，尤其是媽媽，總是給自己很大的壓力，不僅要成為孩子的供應者和完美榜樣，還得在媽媽群體間感受到被愛和尊重。例如，我的客戶辛蒂，發現自己的一個觸發點是，在臉書上看到兒子學前班的一些媽媽經常去聚會喝咖啡，但是沒有邀請她。第一次發生這種情況時，辛蒂陷入了自我厭惡，覺得自己被拋棄了。在審視自己的感受後，辛蒂意識到她是在告訴自己，沒有受到其他媽媽的邀請，是因爲她們看穿了眞正的她——一個本質上不討人喜歡的人。

這個情況讓她想起自己六歲時，沒有小朋友願意和她一起在遊樂區玩。此時辛蒂的角色就是「六歲的辛蒂」，這個角色的需求是獲得歸屬感和滿足感。辛蒂無法抹去記憶，也無法立即融入媽媽小團體，但她能夠以更高頻的方式滿足自己的角色需求。她意識到，自己不必非得成爲這個咖啡聚會的一員不可，她可以透過一些自我照顧的活動提振心情，比如做美甲或多上幾堂瑜伽課，或者約其他朋友一起喝咖啡（儘管他們不是媽媽）。這個方法幫助辛蒂處理自己的感受，感到被珍惜，也提升了她的頻率。

就像辛蒂一樣，許多童年經歷塑造了我們對成年生活的理解。研究表明，兒童時期發展出的性格特徵將帶來長久的影響，會開啟和維持某些人生道路，更不用說是在情緒、健康、友誼和其他領域的幸福了。一個成年人的幸福，是成長過程中各種生理、社會和心理影響等複雜網絡造成的結果，所以我相信來自童年的那些角色，對你當前的現實具有非常強的控制力。這一點在「眞實生活」的工作坊中能明顯看出來。

簡：原來我想救的是十歲時的自己

一位名叫簡的女士，之前參加過我的研討會，她和小組成員分享了一個令人印象深刻的角色故事。一年前，因爲繼子的生母在心理上無法爲他提供一個安全的家，她和先生爲了爭奪繼子的單獨監護權，展開了激烈的鬥爭。在他們上法庭之前，簡因爲被傾聽的需求無法得到滿足，感覺承受不住，幾乎要哭了，她堅信自己必須比以往任何時候都更努力爭取。她認爲世界不公平、法律制度有缺陷、人生從來沒有按照她希望的方式進行。有天晚上，當簡和先生討論這個案子時，她開始大哭，咬著牙大吼大叫，尖叫著說根本沒有人肯聽她好好地說這個將改變一生的決定。由於簡的憤怒實在太不尋常和令人震驚，她先生抓住她的肩膀問：「你現在到底是誰？」這個問題對簡來說是一個急促的現實檢查，她突然意識到，在這些激動的時刻，她不是眞實的自己。於是她開始檢查能量、審視角色，然後解開糾結的能量……

簡進行了能量檢查，思考自己爲什麼會對繼子的複雜情況有這樣的感覺。她很快地意識到，她在告訴自己：沒有人尊重、在乎她對孩子的深愛和關心——不是因爲事實就是如此，而是因爲在簡十歲時，她的父母離婚了，當時她告訴法官她想和父親住在一起，而不是母親，但法官沒有批准。這個關鍵的決定導致了簡坎坷的童年。現在，爲繼子而戰讓她意識到，她回到了「十歲的簡」這個角色，她需要被傾聽。但簡隨後意識到，她可以用一種更高頻率的方式滿足這個角色的需求，而且不會失去理智：只要在她崩潰時，請先生給她一個緊緊的溫柔擁抱（這是一種「模式阻斷」，我們將在第六章詳細討論）。這種緊壓能讓簡立即平靜下來，回到當下。先生的愛使她感覺平靜，提升了她的能量。她還告訴我，如果先生不在她身邊，她會跳上飛輪，用運動發洩憤怒，以大量的腦內啡來克服負面情緒，幫助她回到中心。

熟能生巧

你越頻繁地檢查能量、處理角色身分、釐清問題的根源，之後你進行的速度就會越快，因爲這些行爲就是在重新訓練大腦，在情緒和能量上都以更健康的方式快速管理情緒。之後又被類似事件觸發時，大腦的預設狀態就會自動讓你感覺平靜，而非焦慮和痛苦。大腦會開始認爲這是最簡單的神經途徑，也是最單純的感受，因爲這條途徑已經變爲阻力最小的那條。這樣一來，你的能量就能規律地將更高的頻率傳輸到宇宙中，每天都能輕鬆顯化。這就是你所需要的穩定振動頻率。

趁心平靜時，再做一點功課

解開糾結的能量後，你會自然地處於一種更寧靜和深思的狀態。當你仍對一段經歷記憶猶新時，就是進一步處理任何徘徊在你意識表面的信念和想法的好機會。爲了順利進行這項任務，建議你可以抽出時間獨自散步、靜靜地坐在門廊或樹下，或找一個安靜的地方寫日記，目的是讓自己感覺寧靜和放鬆。因此，如果你認爲當你重新回憶起這些事件，仍會使你異常激動，那就跳過這個練習。或者，你可以試著用一個從遠處觀察的新視角，想一想到目前爲止，你對自己的信念、想法和角色已經有了哪些認識？

我們所有的角色，都伴隨著一種或一套信念，這些信念產生的想法和感受，會影響生活中的各個部分，因此，你會開始發現，爲何某些特定話題和主題，總是時不時就出現你的生活中？比如，如果你意識到自己經常感到被拒絕，你可以好好思考圍繞著這種感覺的信念和想法：是什麼讓你覺得自己毫無價值？爲了幫助自己，你做了哪些不同的事情？你該如何提醒自己永遠不帶著負面偏見看待這些事？記住，大腦總是試圖創造具體的現實，以幫助我們感到安全和健康，但這進一步決定了我們選擇的行動，把想法變成現實，這就是顯化。

現在，你已經具備了必要的心理和能量調節工具，處於意識和心理都相當清明的狀態，但問題是，要如何維持下去？下一個祕密是管理你的觸發點，這樣你花在檢查和處理的時間就能越來越短了。

繫好安全帶，接下來這個部分會相當刺激！

訣竅與重點

- 產生糾結能量的主要因素有三個：過去的程式、當前的挑戰和人物角色。
- 糾結的能量迫使你生活在不真實的狀態，而不是神設計你成為的樣子。
- 整理能量的目標，是回到你被創造成為的那個人和靈魂。
- 純粹、無限的潛能存在於一個比愛的能量更高的層面上，它源自於最真實的你。請在你努力解開糾結能量的同時，一邊想像這條終點線。
- 如果你不處理凝滯的能量，就會重複同樣的負面情況，對鞏固某些行為模式的低振頻刺激一再做出相同的反應。你也將持續以中斷顯化且強化負面神經通路的低振動頻率運作。
- 每個人都多少有扭曲他們信念和想法的印記和創傷，就算這些過去程式一開始是出於良好的意念。
- 你越常進行自我檢查、處理過去角色，和釐清錯綜複雜問題的根源，就能越快重新訓練大腦，以正向健康的方式快速管理情緒。

第六章 #3以模式阻斷管理觸發點

學習如何管理觸發點是顯化的核心，而最簡單又最有效的方法，就是熟悉「模式阻斷」。當你對刺激產生負面反應時，這些工具可以轉變你的情緒和能量。

你正在成爲一個眞正的專家：你將能夠辨識自己何時會受到觸發、理解自己的反應從何而來，並解開隨之而來的情緒能量。你越常做這些練習，清理頭腦和能量的過程就會變得越快、越直覺。說實在的，眞的就像倒杯茶一樣簡單。但有時在自我反省的過程中，你可能會發現自己需要的是一些能量或情緒上的提振，而這僅靠檢查和解開糾結並無法得到。現在我們要介紹模式阻斷，任何時候，當你需要快速改變或重置你的能量時，就可以使用這項工具，我希望它能隨時在你需要時，成爲幫助你重返並維持高振動頻率的工具。模式阻斷的目的，是立即讓你進入更高的情緒狀態*，你的情緒狀態越高，振動頻率就會越高，這兩者都會直接影響顯化和你的整體生活品質。

* 此指後續情緒量表中的情緒階層排列。

隨著我們深入祕密三，我會解釋什麼是模式阻斷、何時使用、如何使用，以及爲什麼模式阻斷具有擊潰觸發點，讓它們變不穩定的能力？在重新訓練大腦神經通路時，模式阻斷直接對潛意識與更高意識的顯化能力，造成了什麼影響？我還將討論模式阻斷如何推動你上升到「情緒/振動階梯」的更高處，情緒/振動階梯基本上就是感覺的振動層次。在學會模式阻斷後，我建議大家持續進行能量檢查與解開能量結的練習，不要以模式阻斷取代它們。我會特別提到這一點，是因爲如果你像我一樣，你將會在學會模式阻斷後，愛上它且變得很依賴它，每天都想使用！你會很享受它帶來的能量提升狀態，希望就這樣一直持續下去，但其實模式阻斷本身無法產生足夠的能量持續改善顯化結果。不過它的確是很棒的工具，可以讓你與觸發的反應或低振動狀態產生一段情緒距離，讓你能夠清楚地思考自己爲什麼會有這樣的感覺。

但是，做完整本書的全部練習，才能帶來眞正持續的改變，沒有捷徑！所以你說熟悉這八個祕密值得嗎？我保證值得！

模式阻斷的三種類型

模式阻斷有三種：身體、靈性和心理/情緒方面，可以隨時在各種情況使用。但並非三種模式阻斷都適用於每個觸發點、每種環境或每個人，所以需要經過一些嘗試和試誤，才會知道哪種模式阻斷在何時能對你產生幫助。

與配偶發生口角後，你可能需要身體方面的模式阻斷；當你在工作中被觸發時，需要的可能是靈性上的模式阻斷。這完全取決於你自己，因爲你和你的過去都是獨一無二的，我無法直接告訴你在何時進行哪項模式阻斷最有效。在這裡我想給你的直覺留點空間，讓你跟隨直覺進行選擇，這樣你在練習這八個祕密的同時，會越來越習慣相信自己的直覺。很棒的是，一旦你找到了有幫助的模式阻斷，你將擁有快速、全方位的工具，可在各種形式的混亂中，爲自己提供即時且充滿能量的幫助。我建議在每個類別中，至少找出三個對你有效的方法，這樣你就可以隨時在需要時進行選擇。

身體模式阻斷

所有的模式阻斷，都是透過**中斷身體、靈性和心理/情緒上的思想和能量，來重新引導神經通路**。比如說，身體模式阻斷是用身體來分散或轉移腦海中的情緒體驗：做十個伏地挺身、跳個傻呼呼的舞步、唱幾句最喜歡的歌、做五次深呼吸，或在附近街區輕快地散步，這些都是我客戶經常使用的身體模式阻斷。有一個我非常喜歡的身體模式阻斷，是在雪地裡打滾，至少冬天時是這樣。當地面被一堆堆白色的東西覆蓋時，我很喜歡穿著背心和短褲跑到外面，在雪中打滾直到我不能忍受爲止。這麼做能立即恢復我的能量！在溫暖的季節裡，我喜歡洗冷水澡，這也有類似作用。它們可以增加腦內啡、促進新陳代謝和體內循環、增強免疫力。現在我要公開聲明，它們也能提升振動頻率！

靈性模式阻斷

靈性模式阻斷的方法，則可以召喚更高力量，或者使用你的靈魂來改變你的能量頻率。你可以進行快速的禱告，想像金色的光從天堂流進你的身體，觀想天使以某種方式在協助你，或觀想重新平衡你的脈輪。另一個很棒的靈性模式阻斷，是在心裡掃描自己的身體，直到你察覺到自己能量最凝滯的地方在哪裡。你感覺肩膀、後背、脖子或胸口很緊繃嗎？請想像一個吸塵器吸走了所有黑暗、糾結和阻塞的能量，以愛淨化後，再將它們重新注入地球。

我有一對客戶夫婦，凱西和吉姆，他們結婚十年了，擔心彼此的關係正在面臨破裂，因爲有了孩子後，兩人的衝突比以往多了許多。凱西由於過去的程式，表現出控制欲強的角色，吉姆則相對比較孩子氣。二人的靈性模式阻斷練習，決定用樹根想像來進行：他們想像自己的腳底長出樹根，將他們固立於大地。不過，兩人的樹根特殊之處，在於彼此的根會相互纏繞，以鞏固彼此的關係，神聖地將兩人連結起來。進行這樣的觀想能平靜他們的思緒，用愛來支持他們的下一步行動。

心理／情緒模式阻斷

最後，是一些與感官有關的心理／情緒模式阻斷。我喜歡聽音樂、用精油薰香、書寫日記。你也可以試試我先生慣用的阻斷方式：把那些讓你心煩的人安排進一部快轉的、卓別林式的黑白電影中，藉由把它搞得極度愚蠢，幫助你把原本沉重的困境縮到最小。如果這方法不能引起你的共鳴，那就去找個你信任、以樂觀著稱的朋友，一個值得信任、總是能幫助你提升情緒的夥伴，這樣也很足夠。記著，我提到的只是一些對我和過去的客戶有用的想法，你可以隨意發揮創意，提出你自己的想法。當模式阻斷的目的是為了提高能量、情緒和心理狀態時，沒有什麼是太可笑或很奇怪的。

根據你的學習偏好設想活動

在探索最適合自己的模式阻斷時，可以根據你主要的學習模式進行選擇：你是視覺型學習者、聽覺型學習者，還是動覺型學習者呢？我們每個人都不一樣，運用你的基本本能可以產生快速的結果。比如說，視覺型學習者必須看到照片和圖表來觀想他們的解決方法；聽覺型學習者比較喜歡聽到資訊；動覺型學習者喜歡親自參與活動來掌握某個概念。如果不知道自己是哪種類型的學習者，在網路上可以找到一些有趣的測試，通常會根據你使用的詞彙、閱讀的書籍、儲存的記憶等來分辨。

選擇與你學習類型相關的模式阻斷是一種溫和的策略，因爲大腦比較容易接受那些原本就很適合你的活動，以及你處理資料的方式。我是一個高度動覺型的學習者，所以和動作有關的模式阻斷對我能產生最明顯的效果。有一年聖誕節，有一個和我關係不太好的親戚打電話來問候。儘管他並沒有提到任何過去的事，但光是聽到他的聲音就足以勾起我痛苦的回憶，讓我覺得自己又成了一個脆弱的孩子。講完電話後，我感到一種無法擺脫的沉重。在檢查或解開能量之前，我知道我必須先使用模式阻斷來穩定自己。我做了幾次深呼吸，但情緒的重量仍然在那裡；我戴上耳機，但平時的播放清單無法改變我的能量；最後，我轉到騷沙舞曲，幾乎是發狂似地跳個不停。每次瞥到鏡子裡的自己，我都會笑出來，但扭動屁股確實奏效了。做一件與我的學習風格一致的活動，正是我的心靈、情緒和振動所需要的。音樂一結束，我就能迅速檢查並解開自己對那通電話的反應，感覺就像那段對話從未發生過一樣。

靈活運用，任何進展都是好進展

在你嘗試一種模式阻斷後，問問自己：「我有任何不一樣的感覺嗎？」如果你感覺更好了，就把這個方法加入你的收藏中；如果你不覺得有任何改變，就不要再去想它了，選擇另一個方法。要知道，你可以使用一個以上的模式阻斷，來讓自己產生不同的感覺。你不需要在做完模式阻斷後立即感到開悟，或覺得自己已經完全被矯正了，只要感覺比以前更好，在情緒/振動的階梯有向上移動就可以了。光是單純地從「感覺羞恥」過渡到「與我無關」，或從「憤怒」轉為「不帶任何情緒」，從能量場的觀點來看，就是相當令人滿意的飛躍了。當模式阻斷中止了即將到來的負面螺旋時，你會感到鬆了口氣。用最簡單的方式說，這種聰明的練習是一種意念清楚且有趣的強迫暫停，讓你在接下來思考或行動時保持穩定。

警告：前有觸發點

我們已經知道，觸發點是一種刺激物，促使你以負面的方式回憶不愉快的經歷，但讓我們看看模式阻斷背景下的觸發點。當你被觸發時，在別人看來這項刺激本身可能是良性的，但你的反應卻不是這樣，只要你的大腦有意識或無意識地賦予它這個身分，那麼任何細節都可能成爲觸發點：氣味、對話、地點、回憶、名字、任何聲響或說話聲，或只是看著鏡子裡那個你不喜歡的自己。你的頭腦開始翻騰：「你永遠不會快樂、瘦下來、賺更多錢、感到安全……」這個迴圈使你的能量場變得沉重，必須停止並重新引導它，這就是模式阻斷的作用。

觸發點非常強大，因爲在我們的世界觀中，它們是非常大的一個部分。觸發點源自過去的程式，影響著我們的信念、想法和感覺。人類很多生理機能都是爲了自我保護而建立的，如果大腦要保護我們的安全，最好的方法就是透過記憶提取。如果你的手曾被瓦斯爐燙傷，大腦就會把「瓦斯爐」和「燙」這個概念連結在一起。你會一直覺得，如果這個瓦斯爐以前很燙，以後也還是會很燙，無論它到底有沒有被打開。除非你清除了與瓦斯爐很燙有關的創傷，否則你每次靠近的時候都會覺得它很燙。

也就是說，我盡量不認定觸發點「不好」，它只是顯示出你還沒有被療癒，或是一種顯化障礙。在理想的世界裡，所有人都應該客觀地退一步，把觸發點重新定義爲「有意思的回饋」。當你感覺被觸發時，你是在告訴自己什麼？觸發點出現了，我們才有機會解決它們的核心信念，繼續顯化幸福的人生。觸發點是訊息，告訴我們什麼東西已經準備好被理解和轉化了。

我們如何利用觸發點來讓自己感到安全（雖然實際上，它的作用恰恰相反），一個很常見的例子，是許多人自己破壞親密關係的方式。我的朋友布蘭達，在離開一段受虐的婚姻後，一直無法找到穩定的伴侶關係，但她不知道原因。然而，身爲旁觀者的我能夠很明顯地看出，是因爲她在新關係中，仍會不斷地重現她已經熟悉的不正常情境，這樣她才會感覺自在。例如，布蘭達和對方第一次發生親密關係後，她就會馬上封閉自己。因爲親密關係是布蘭達的觸發點，在她的婚姻中，這是唯一讓她感覺與前夫有連結，並被他愛著的方式，即使事後他總會忽視她。爲了保護自己免於承受未來的冷漠，布蘭達經常會先一步把她的新伴侶推開——從她的理論來說，這等於是在他們有機會對她冷漠之前就先推開對方，但這其實就是在無意間導致他們分手的原因。性對布蘭達來說是一個無情的觸發點，直到她意識到自己的觸發點並解開了自己的程式後，她才得以找到一個長期交往的伴侶。當她終於遇到她想要和他結婚的那個男人時，她的療癒過程進行得相當好，每當她在性行爲後感到不安全時，她都會拍三下手，然後再檢查和解開糾結。很快，布蘭達就能和新男友建立一種開放、展露眞實自我與誠實的關係，現在他們仍然在一起。

達到新常態，迎來幸福生活

在你確實處理創傷和程式之前，觸發點感覺就像過去的痛苦提醒，它不可預測、非常強大，將導致你在心理方面（不眞實的信念和想法）、情緒方面（比如哭泣或害怕），或身體方面（比如嘔吐或顫抖）的反應過度。如果任其恣意蔓延，這所有反應都會產生強烈的能量反彈。但是當你啟動模式阻斷，就能夠在你腦中築起一道牆，阻止你的精神自動退回負面的情緒化反應中，一併停止了與這種反應相關的頻率，如此一來，你就可以用對你最有利的能量來處理和重組情況。根據神經科學，你的大腦會越來越歡迎與模式阻斷相關的頻率，將其視爲新常態。每一次你使用它時，你的狀態都會比上次再提高一點點。最終，你會對觸發點變得完全不敏感，就可以將能量用來幫助自己以更健康快樂的方式生活。

大型觸發點和微型觸發點

既然討論到觸發點，我喜歡將與過去程式有關的觸發點分爲兩類：大型觸發點和微型觸發點。大型觸發點是很明顯且令人不悅的觸發點（像是你媽對你大吼大叫，或是聞到熟悉的香水味），當你感覺到某種聲音、氣味、口味或事件，你會立即陷入負面迴圈，感到情緒往下沉。微型觸發點則是偷偷摸摸地靠近你，比如你發現伴侶用一種奇怪的表情看你的屁股，突然五個小時之後，你莫名在意起自己的外型，開始想著是否該做幾組深蹲，或買條新的牛仔褲。微型觸發點會影響你的情緒，但你不會馬上意識到起始點，需要透過自我反思的偵查才能弄清楚。

透過能量檢查，你將能更快意識到大型觸發點和微型觸發點，但目前你只須在遇到大型觸發點時執行模式阻斷。在日常生活中，大型觸發點較容易辨識，微型觸發點因爲相對微妙，需要一段時間才能被發現。雖然等你更爲熟悉了之後，你也能夠注意到並解決微型觸發點，但現階段意識到夠明顯的觸發點就行了，你照樣能養成提升能量的習慣。

這些關於大型觸發點和模式阻斷的討論，讓我想起了有一次，我和先生針對投資資金來源進行過的嚴肅討論。通常我們都是帶著興奮的心情開始新的冒險，但我們在這個案子上遇到了後勤方面的障礙，討論得越久，我們就越感到不安。由於我自己的經驗和過去的程式，財務狀況對我來說是個令人生畏的大型觸發點；而看著我焦慮煩躁，則是我先生的大型觸發點（我先生的成長經歷讓他容易對衝突感到不安）。所以，當我發現自己對目前的情況感到受挫，再加上注意到我先生在他的座位上不安地挪動，我就知道我們必須做模式阻斷。我們很快地進行檢查與解開能量的過程，只花了幾分鐘，畢竟我們對此已相當有經驗，這過程已經成爲我們溝通時的第二天性。結束後，我們決定這次要進行的模式阻斷，是單純地把話題轉移到另一個公司正在成長的領域，雖然與原來討論的主題無關，但我們都非常興奮，又重新感受到高頻能量。大約討論了二十五分鐘後，我收到一封來自捐贈者的電子郵件，說要捐贈一大筆錢——事實上，比我們希望獲得的還要多！透過專注於更高頻率的對話，釋放我們可能會陷入的沉重和負面螺旋，我和先生阻斷了負面頻率的流動，將我們的情緒、能量和心理狀態重新導向更輕盈、更有力量的狀態。我們顯化了一個實際且有利的結果，甚至比我們預期的更好！

使用模式阻斷的時機

相信你已經注意到，模式阻斷可以在任何你感覺被觸發時使用。也許最初的觸發點實在太令人震驚，爲了讓你的手停止顫抖，讓大腦專注於檢查，你必須先停下來，做十個開合跳。如果一個觸發點讓你情緒下沉，你會發現很難用已經下沉的心態去解決問題。我的客戶瑪麗安剛離婚，又遇上車子在路邊拋錨，對她來說這不只是個意外事件，還是一個觸發點，讓她意識到沒有了另一半，自己一人必須處理多少問題。她沒有試圖在海嘯般的淚水中自我檢查，而是停下來，先唱了一首〈洋基傻小子〉（*I'm a Yankee Doodle Dandy*）。這實在是太白癡了！她不禁噗哧一笑，隨後平靜下來，開始調整自己的心理狀態和能量，讓她可以繼續執行檢查和解開糾結能量的過程，同時等待道路救援。她使用模式阻斷幫助自己找回清明、改變狀態，這樣她的能量才能導向療癒，以提升後的高頻率解決自己的問題。

在你開始清理你的能量時，模式阻斷也會派上用場。你可能會發現，在檢查和療癒角色的過程中，無論你多努力保持好奇與超然的狀態，你問自己的那些問題，還是會帶來不舒服的記憶和感受。所以，暫停一下，做個快速的模式阻斷來驅散這些情緒，會有幫助的。

我的朋友金妮曾和我說，在她的成長過程中，她媽媽經常因爲她變胖而羞辱她，讓她留下了不可磨滅的記憶。成年之後，儘管仍記著媽媽的侮辱，但金妮非常努力地接受自己的自然曲線。有一個夏天，金妮和幾個女性朋友一起去佛羅里達旅行。到了要去海邊的時候，金妮選擇穿著罩衫，而她那些穿比基尼的朋友則勸她脫掉罩衫，玩得開心點。那些其實是帶著愛的意念，但朋友越催促她，她就越心煩。金妮決定找藉口去幫大家拿飲料，以躲開她們的注意。去吧檯的路上，金妮開始反思爲什麼自己這麼想消失。她替自己進行能量檢查到一半，就明白她仍活在過去。她變得更加不高興，同時生媽媽和朋友的氣，分不清她們之間的區別。在困惑和難以承受之下，她做了模式阻斷：閉上眼睛，做了五次深呼吸，並把臉轉向陽光。溫暖的陽光、舒適的海風和新鮮的空氣讓金妮得以順利完成練習，回到朋友身邊。她還沒準備好脫下罩衫，但已經能夠以全新的態度享受接下來的旅行了。

你也可以用模式阻斷來結束能量檢查和解開糾結的過程，把它當成一個讓能量得以好好提升的大結局。當你想要先眞正深入理解一個角色時，這是最好的方法，可以讓角色出現，而不破壞造成你痛苦的能量。

有一位名叫金的客戶來參加我的活動時，因爲團隊中的其他人得到了她渴望的認可，使得她受到了極大的觸發。我注意到她的角色冒了出來——靠在沙發邊上，小聲地說著嘲諷的話。但我沒有制止她，這樣我和她就可以收集更多關於這個角色行爲的資訊。過了一會兒，金舉起手，抱怨道：「你什麼時候才要幫我？」這下子我有了足夠的「證據」顯示金表現出來的，是童年時那個尋求關注的角色，所以用模式阻斷來完成她的檢查和處理過程就很適合。我們做了一個引導冥想，讓金進入她的內心空間，感覺被看到。更棒的是，她把這個練習帶回家，當她感覺被觸發時就用。很快，金高興地回報說，在接下來的幾個月裡，那個需求角色出現的次數越來越少了。

最後一個選擇是，當你的觸發點很小或很熟悉，或這個議題你沒有太多的療癒要進行，或是被觸發時沒有時間做完整的檢查和處理時，單獨只進行模式阻斷也是可以的。例如，如果你室友的邋遢是一個議題，每週都有幾天會觸發你，你不需要每次看到他把襪子丟在客廳地板上時都去檢查和釐清這個問題，可能去跑個步就夠了，或是拿你的襪子做一個玩偶表演逗自己笑，就足以解決受挫情緒。如果你需要在產品推銷報告前安撫自己緊繃的神經，單獨只做模式阻斷也會很有用，例如向你的守護天使做個快速的禱告。在這種情況下，觸發點是壓力，但你的反應不至於太強烈，所以可以把檢查延遲到會議結束後。

為何模式阻斷能發揮效果？

情緒並不容易測量，因爲我們對觸發點的自然反應發生在大腦的邊緣系統，它掌控的反應都是幾乎發生在瞬間的「戰鬥/逃跑/僵住」。不過，邊緣系統仍是大腦的一部分，所以我們還是有能力改變它與模式阻斷相互作用的方式。模式阻斷不會對過去程式的觸發點產生自動的負面反應，而是透過讓大腦體驗另一個觸發點來「歡迎」模式阻斷，進而做出一個有意識的選擇作爲新的反應。模式阻斷能夠讓大腦在陷入「戰鬥／逃跑／僵住」之前，爭取停頓一下深呼吸的時刻；它也能夠阻止神經通路一再接收同樣的電流刺激，所以能夠不再壯大你已經建立且持續受到觸發而啟動的、到目前爲止影響了你的信念、想法和感覺的神經通路。我們對大多數觸發點有看似「自動」的反應，就是因爲負面途徑已經預先建立好了，但模式阻斷能夠驅散情緒、改變能量，創傷和過去程式對你的控制就會開始鬆動，讓改良過的新通路取代舊的負面通路。

使用模式阻斷是一個強而有力的選擇，讓你掌控自己的未來。你不是過去或隨之而來的情緒的受害者。事實上，神經科學家發現，每種情緒存在於身體和大腦中的生理壽命只有約九十秒。就是這樣，九十秒！每種感覺都會在產生、達到頂峰後自然消散。第九十一秒開始，是你**選擇**了抓住那種情緒不放。無論那是不是潛意識的決定，每次你暗示那種情緒或反應發作時，你就是在重新循環、強化和放大相關通路，讓它們持續運作。你的大腦確實掌控著顯化，但當你將它看作是一個可以透過模式阻斷重新編寫程式的器官時，**你**就是主宰一切的人。

情緒／振動階梯

能量場會以不同的振動速度對不同的情緒做出反應。所以，當你用這八個祕密爲毫不費力的顯化奠定基礎時，你在做的其中一件事，就是努力達到更高的情緒、釋放出更高的振動，讓整個宇宙都能與你的至善相符。本章一開始，我提到模式阻斷的其中一個目的，是讓你在情緒/振動的階梯上往上升。透過往上升，哪怕只有一點點，你也正在提升你的情緒和振動狀態，以適應顯化。

左頁是情緒量表，按這些情緒散發出的頻率，由最高到最低排列。我建議你多抄幾張在紙上，貼在電腦螢幕或冰箱上，方便隨時參考。這樣你就可以隨時對照你現在的感覺是處於什麼頻率、位在哪個位置了。

那麼在顯化方面，情緒/振動階梯的作用是什麼呢？簡單來說，你只需要知道，愛、平靜和喜悅這些較上層的情緒振動頻率很高，而恐懼、羞恥和憤怒的振動速度非常慢。一個強效顯化者的目標，是在這個情緒/振動階梯往上移動，從較低、較凝滯的情緒移動到較高、較輕盈的情緒，讓能量粒子在他的能量場中以更快的速度移動。確保自己在這個階梯總是向上移動，你就能讓粒子以更快的速度移動，並以更快、更正面的方式顯化。

也就是說，往上移動可以讓你更快速輕鬆地操縱事物，對你以及相關的人事物只會帶來好處，符合所有相關者的最高善。相反地，如果你不阻斷產生能量結的頻率波，它會擾亂你數星期甚至數月，你周圍的一切也會反映出你的低頻能量。你可以整天微笑，強迫自己「假裝快樂，

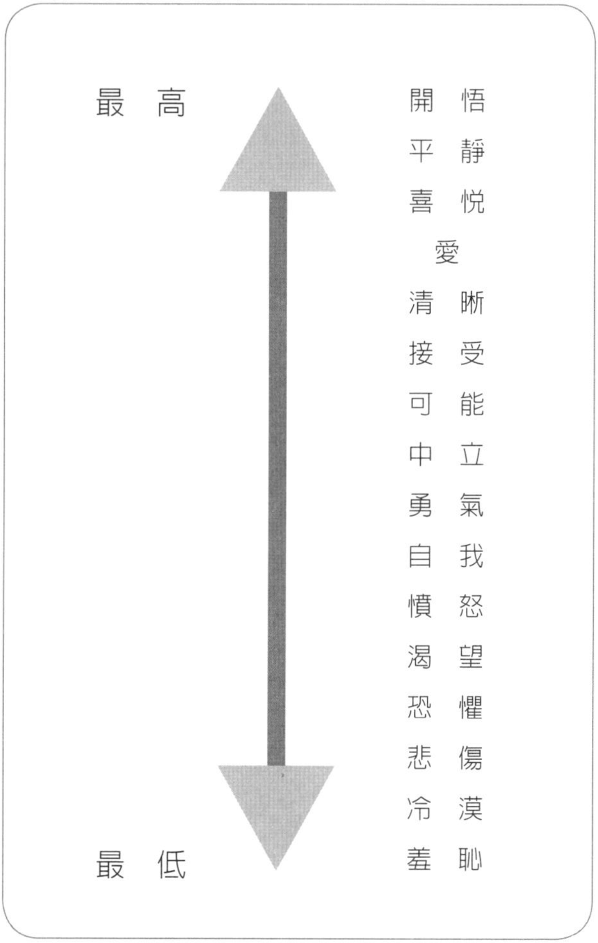
最高
開悟
平靜
喜悅
愛
清晰
接受
可能
中立
勇氣
自我
憤怒
渴望
恐懼
悲傷
冷漠
羞恥
最低

直到眞的快樂」，這或許能夠促進你與他人的關係，但眞實的情緒必須從你內心發出，才能有效提高你的振動頻率。事實上，當大腦認爲某件事是謊言時，就不會顯化了。就是這麼簡單明瞭。你的精神、信念和頭腦必須一致同在，不然你的意識就不會相信那是可能顯化的現實。它會變得非常令人沮喪，甚至關閉你創造任何東西的能力。然而，如果你的一部分感覺某個目標**可以**實現，就算這個感覺非常微小，它還是會提高你的振頻來實現它。要做到這一點，最簡單的方法就是：**你認為實現目標時你會有什麼樣的情緒狀態，想辦法讓自己現在就處於相同的情緒狀態**。你得提高自己的振動頻率，這樣你就不會一直認爲某個情境是不可能實現的，如此一來大腦會開始和你合作，而非與你作對。

現在你已經更懂得管理和操控觸發點了，下一章我們會開始進行自愛練習。你所做的每一件事都要充滿愛，尤其是對自己的愛，這點很重要，能幫助你記住，你是屬於一個偉大的、無條件的愛的整體。你會開始了解，它能讓你的振動頻率變得柔軟輕盈，更加敞開自己去接受所有人事物——包括你自己。從這個頻率出發，美妙的顯化即將發生。

訣竅與重點

- 有三種類型的模式阻斷：身體、靈性和心理/情緒方面。
- 透過身體模式阻斷，身體轉移了大腦的情緒體驗。
- 靈性的模式阻斷可以召喚更高的力量，或是使用你的靈魂來改變你的頻率。
- 心理/情緒模式阻斷涉及你的一個或多個感官。
- 觸發點的力量很強大，它源於過去的程式，並將影響我們的信念、思想和感覺。觸發點在我們建構的世界觀中扮演相當重要的一角，影響我們怎麼告訴自己，我們生活的世界是怎麼樣的。
- 使用模式阻斷來消除檢查和處理角色時出現的棘手情緒。
- 模式阻斷教導大腦在預設的「戰鬥/逃跑/僵住」前先深呼吸。
- 模式阻斷使你在情緒/振動階梯往上升，讓顯化變得更輕鬆。
- 愛、和平和喜悅都有很高的振動頻率；恐懼、羞恥和憤怒則振動速度較慢。
- 在情緒/振動階梯往上爬總是對你有好處，能讓你更快速輕鬆地處理任何事。

第七章　#4 尋找對自己的愛

早在二〇一六年，我就開始逐漸爲人所知，因爲我能夠爲客戶創造出適當的環境，療癒影響他們健康狀況的身心根源，大幅縮短他們治療所需的時間。這些都是我在臨床上研究、測試我所創療法有效性，與進行相關技術指導時被證實的。雖然我提供的練習和方法很具體、容易遵循，但我相信，使我成功的巨大因素，遠比我那些才智出眾的朋友所想的更爲抽象——我相信療癒創傷的關鍵是**愛**。

尋找對自己的愛，就是我們要揭開的下一個祕密。

感到被愛，是開啟「自愛」的契機

在醫療機構中，我曾與一位出色的精神科護理師討論我的技術，接著她開始跟著我學習。我爲她解說幫助患者時須採取的具體做法，告訴她如何將愛注入這個過程。我解釋道，在與客戶合作之前，我會先讓自己進入由直覺和愛的能量驅動的狀態。我會在內心創造一種能量，讓我能夠深深地，且無條件地愛那些需要我的人，並明顯表示出「我知道他們能夠好起來」——我的做法是，對待他們彷彿他們**已經**完全恢復健康了一樣。沒有人教我這樣做或這樣想，我本能地知道這對患者的康復至關重要。經過大量的討論，與我共事的科學家和醫生得出結論：當患者經歷創傷性的觸發點，和引發身體疾病的思維模式時，眞誠的溝通能讓他們放下警戒心，讓他們更願意，也更有能力克服那些過去，因此得以恢復得更快。我也相信，患者的潛意識是爲保護自己而建立，當他們感受到周圍眞實的愛時，就不會感到受威脅。愛的高振動頻率能量，使我的客戶感到安全，渴望在他們自己的內心也創造出這種強大的頻率和情緒。

我知道，把患者在就醫時感受到愛這樣短暫的事情，與離開醫院後的長期改善串在一起，聽起來可能很做作，甚至不現實。但是，我所說的愛是一種高頻率的情緒和令人難忘的感覺，當你感受到關心、被無條件接納，保護自己免於受創傷觸發和角色傷害的防衛就會瓦解，心中除了恢復健康之外沒有別的目標。

當我看到這些患者原本完美的模樣，並對他們所做的一切表示深深贊同時，他們感受到的正能量會彌漫在空氣中，而且充滿了他們聲稱從未體驗過的愛。當他們感受到這種無條件的接納時，就會把它轉向內心，愛自己，最終把自己視爲神創造的完美存在。愛自己對很多人來說，一直是一種不切實際的情緒，因爲我們連從外界「感受」到的愛都很有限了。

然而，當你眞誠地相信自己是一個完美的人類造物，值得與你想要的事物匹配，你就能夠突破許多因日積月累而被強化的心理謬誤和程式制約。透過這樣的連結，你會再次感受到清晰而純粹的眞實。

到這裡，才算是準備好了

愛自己的課程被安排在能量檢查、解開糾結和模式阻斷之後，是因爲到了這裡，你的情緒和能量才算是準備好了，可以去體驗和認識這個非常高的振動頻率。這不是一種假裝得出來的感覺，爲了與宇宙產生共鳴，你的情緒必須完全眞實。到目前爲止，爲了處理內心的能量，你已經做了很多，學習自愛是這些練習之間很好的喘息機會。它能夠提醒你，顯化過程可以很有趣，而且感覺也很棒！我總是說，我的工作能發展到今天的程度，是因爲它很有趣，而且很有價值。在這個過程中懷抱越多高質量的愛，就能越放大快速顯化的魔法。很快地，愛就會成爲你自然存在的方式。一開始的積極目標，隨後將成爲你的現實。

在這一章中，我將解釋如何練習愛自己。用無條件的愛包圍自己，將提高你的振動，以最高頻率吸引你的欲望、平靜神經通路、改變你定義過去的方式，並把你帶回與中心連結的狀態，讓生活慢慢地回到原位。無條件的愛在情緒/振動階梯上很接近「開悟」的頻率，當你能夠將這種情緒轉向內在時，顯化就會變得容易得多。多年來，我一直收到的訊息是，人類的下一步是體現無條件的愛，這將有助於提升這個星球的集體意識。這也將幫助你實現你最偉大的願望，並使你和宇宙傳遞的至善保持一致。

愛將把你從「基本生存狀態」中拉出來

我漸漸明白，那些拒絕愛或是無法感受愛的人，會表現出一些出於匱乏、不眞實和失落的行爲。他們可能會專注於自我保護，甚至取悅他人，而不是從他們的最高自我、最純淨的能量和情緒量表出發，因爲他們的思想和行動不是源於信任。**相信改變的可能性，是所有顯化的核心**。我意識到，如果我能充滿愛地幫助你看到自己的價値、完美和目標，也就是說，幫助你感受到被接受和欣賞，而不是感到匱乏和失落，那麼，你就能夠在你的思想和能量場中，嵌入那些因爲感受到愛而被賦予的信念及更高頻率，你會強烈地感受到這個新的眞相，它會與你在靈魂深處產生共鳴。

現在，即使我再怎麼提醒你，你是一個完美的、被愛的人，你可能還是無法從文字中感受到我的能量，沒辦法像我在挪威的患者，或參加工作坊的客戶親身感受到的那樣。在寫這本書時，我確實請求了神幫助你在閱讀的時候感受到我的愛，但我希望你也承擔起這個責任，吸收我所說的內容，把這種愛轉向內在，自己去感受它。因爲說到顯化，我相信「愛自己」是能夠在多方面激發無限潛能的引擎。它讓你處於高振動狀態，在那裡，無限的創造都可能實現。它在心理層面讓你放膽夢想你想要的，也接受任何事情發生的可能性，因為你相信自己值得得到。暫停一下，問問自己：「如果我能做任何事情，又什麼都不缺，我會想為自己和他人做些什麼？」這是愛自己的顯化者每天都在追求的問題。

另一方面，當你覺得愛被剝奪了，你的生活就會處於基本生存狀態，所有的優先考量，都會建立在避免痛苦上，而不是充滿熱情地奔向愛。當我們的生活不是自己想要的樣子時，我們就會把愛從自己身上帶走——儘管事實上，愛是讓我們創造自己所想所要最強大的頻率。但如果你的世界和你想像中不同，你通常會感到羞恥、後悔或厭惡，並開始認為自己基本上就是有缺陷且沒有價值的，你將會經歷與愛的頻率相反的恐懼、失去、不足和缺乏。你必須在潔淨與慈愛的狀態中解決這個問題，進而實行顯化，因此你不能只是將愛放到舊傷口上，而是要把它從過去程式的廢墟中挖出來，鑷子就是你在本書中學到的八個祕密——尤其是檢查和解開糾結能量的過程。從這裡開始，你的心將敞開來接受愛自己的觀念，因釐清過去糾結而處於高振動頻率，從遼闊、美麗且眞實的視角重新做出選擇。

走出五十年自我鞭笞的布萊恩

我永遠不會忘記一個叫布萊恩的客戶，他參加了我爲期十天的「沉浸眞實」活動。我馬上就有一種預感，他經歷過某種性創傷（我的第六感能嗅出這一點）。表面上看來，布萊恩過得相當不錯：家庭美滿、身體健康、態度樂觀。但我的直覺感受到他其實很痛苦。活動即將結束時，布萊恩分享道，在他還不到十歲時，他曾猥褻過他的鄰居。他就做過這麼一次，而從此他的內在情緒完全崩塌，直到他來參加這個活動。你可以想像布萊恩是多麼地內疚及羞愧，更不用說滲透到他程式中的強烈自我厭惡了。他覺得自己是個怪物，不配過上好日子。

儘管布萊恩用了他所能想到的所有正確方式，想用愛驅逐痛苦——吃得好、保持健康、適度休息、花時間和家人相處，但這些都沒能療癒他，因爲他自我提升的舉動是源於恐懼和祕密，並非因爲他眞的愛自己。布萊恩試圖把自己塑造成「最好的自己」，不是因爲他想滋養眞實的自己，並把愛傳播給別人，而是想爲了過去那個很糟糕的自己做些彌補。

布萊恩需要進行大量的能量檢查、解開糾結、角色療癒和模式阻斷，以接受、內化來自家人和社群的愛，最終原諒自己五十年前做的那件事。然而，首先他必須深刻地理解一個事實：雖然他犯了一個嚴重的錯誤，但更偉大、無條件的愛仍會爲了他存在，這樣的愛不會因他的作爲或不作爲存滅。一旦布萊恩不再有任何懷疑，深信愛可以同時來自自己和神，他就能夠眞正感覺被寬恕。當太太說愛他時，布萊恩開始能夠相信她，也開始能夠善待自己，坦然地看著鏡中人，因爲他打從心底相信他値得，而不是爲了彌補他的焦慮不安——他體驗到了愛自己帶來的更高振頻，以最容易獲得也最眞實的形式。

用好奇與愛去療癒，最自然的狀態就是最佳狀態

當我透過通靈方式，詢問過去的程式和我們接受自愛的能力兩者之間的關係時，更高力量讓我知道，創傷會讓我們在情緒和能量上脫離眞實自我，而愛自己可以讓我們重新變得完整。記住，如果發生了嚴重創傷，或經歷了過於沉重的低頻率，甚至伴隨很長一段時間的話，你可能會精神分裂，這是身體希望幫助你隔絕痛苦的自然機制。這種時候如果你不去處理，就會創造出有自己一套可怕信念的角色，影響你的思想和感覺。你會回到過去心理程式中設定的感覺和行爲，而不是以提升後的狀態運作。

基於恐懼的任何事物都有個明顯的問題，它過於凝滯的能量將使你周圍的能量也逐漸慢下來。當你看到一隻老虎朝你撲過來時，恐懼是一種有用的反應，因爲它會刺激你拯救自己；但如果你每次受到驚嚇時都產生這種原始反應，它就會成爲阻礙，尤其是你在練習顯化技巧時。爲了理解你的反應，讓療癒能夠持續，一種更有效也更健康的方法，是**將恐懼轉化為好奇**。試著問問自己：「爲什麼我現在這麼害怕？」不要逃避恐懼，而是轉化它，用好奇心質疑你的恐懼——當你用愛自己的強大能量來促進、強化這個過程，重視長期的能量狀態和心理健康，你

的大腦將鮮活起來，加強你正在建立的、更加正面的新神經通路。

說到用「愛自己」這個方法療癒負面振動頻率，我永遠不會忘記我二十幾歲時，從艾瑪那兒得到的緊緊擁抱。她是個「印度教擁抱聖人」，當我依偎在她強壯的臂彎裡，聽她在我耳邊頌唱時，她散發的無條件的愛，讓我覺得自己所有的碎片都重新完整黏在了一起，這就是她神奇的藥膏。艾瑪的愛讓我感覺如此美好，全身都沉浸在溫暖和安全之中，就像是初來到這個世界的靈魂。

在那之前，長時間被生活消磨的我，無法感受到這樣的愛很久很久了。當艾瑪鬆開手時，我意識到，與她那純粹的愛相比，這些年來我給予別人的不是愛，而是自我犧牲、取悅他人，以及認爲自己被無情操縱後產生的複雜情緒反應。於是，我開始把自我照顧和愛自己當成首要任務，來對抗這些程式。我重新教導自己如何感受和給予眞正的、強大的愛——這個過程像重獲了新生。

當你再次感覺到新生和完整時，你的能量就會變成純粹的潛能，就像你剛剛成爲一個存在時的狀態：沒有程式制約，沒有憂慮，也沒有低振頻的感覺、想法和信念，你釋放、感受的只有愛——來自你周圍與內心的愛。在狀況艱難時或許很難相信，但這種狀態對我們來說，才是最自然的，也是讓有意識、無意識的顯化能夠發生的最佳狀態。

「愛自己」需要練習

「愛自己」可能需要你刻意努力練習才能做到，尤其若是你曾有過艱困的經歷，愛自己的氛圍與感受，可能不會如此自然地流入和環繞你。儘管如此，我相信愛自己就像呼吸和喝乾淨的水一樣，對人類的存在至關重要。所以，首先你需要努力關心、同情自己，時間一久，你不必刻意爲之，就能夠每天自然地感覺到它，知道它無處不在。一旦你解開了一直阻礙你去愛自己、愛萬事萬物的過去，你的認知就會變得更清晰，對於信任更高力量也會很有幫助，因爲神就是無條件之愛的終極來源。我相信神存在於萬物之中、無所不在，無論物質世界讓我多失望，我仍然被神的愛包圍著，且隨時都配得神的愛。如果你能夠明白無論你做了、或沒做什麼，都還是能夠感受到愛，你就不必以不健康的方式去尋找、接受或連結愛了。

愛就在那裡，任你索取。

給自己滋養的愛，不是定期給自己洗泡泡浴、做足療，接著又回到平時自我鞭笞的迴圈中。愛自己最深層的意義是信任自己，感覺自己與眞實自我，以及相信的事物間有所連結，並在遇到以恐懼爲出發點的信念時堅守自己的界限——這些價值觀不僅能夠讓你與自己，也與他人產生更多的連結。愛自己也表示，當你情緒低落時，請優先考慮以平靜、充滿愛（至少更溫柔一點）的方式對自己說話。研究顯示，愛自己的能力也與心理韌性、是否能常常從新角度看待問題有關。

我的客戶告訴我，當他們感覺到無條件的自愛時，他們感受到的是平靜、專注、感激和快樂，因而受到啟發進行顯化，並意識到他們正處於一種被全然允許去感受、去體驗的狀態：他們正成爲在過去沉重心態下無法成爲的人。同樣的研究還指出，不練習自愛容易使自己更焦慮、更有壓力，進而對以往你不會注意到的小刺激過度反應。日常生活會更像一場鬥爭，你會覺得任務總是難以招架、情緒空虛導致筋疲力竭和痛苦，甚至對自己或他人感到怨恨。反之，若是你能夠每天經歷高振動頻率和眞實的愛，你就能更接近你關心的人事物，包括你自己。

先說說我的方式——設立界限

在所有我學會的愛自己方式中，最棒的一個就是「允許自己設立界限」。過去我總是太遷就他人，即使我自認我的努力已超越一般的標準。即使生病，我也會每天工作十四個小時；我總是努力維持與他人的關係，即使是與欺騙我的男人；我會在經濟上支援任何需要我幫助的人，即使他們自己根本不去賺錢或不值得幫助；我甚至還和一個虐待過我一段時間的男人做朋友！直到我先生指出，我經常把自己拴在過去不健康的關係中，我才意識到，**取悅他人是我避免衝突的一種創傷反應，而這反映了我對於自愛的匱乏。**

我開始封鎖電話號碼，與有攻擊性的家人、朋友進行艱難但眞正充滿愛的對話，也與過去對我造成不可挽回的傷害的人結束了關係。建立和體驗這些界限，給了我莫大的自由，因此我得以帶著愛走向完全不同的方向。今天，我所有的人際關係都具有非常高的透明度——無論是私人關係、伴侶關係、商業關係或其他任何關係。這是一項巨大的解脫，爲我留下空間把自己奉獻給那些值得的人。有時，這樣的界限也爲其他人創造了空間，讓他們認識並療癒自己的角色、誘因和不健康的行爲，而不須總是由我去支持和強化他們。

按照你自己的真相去活！

無數的因素阻礙了你對自己無條件的愛，但請不要再去想它們了，你不需要做什麼、不需要去經歷什麼，也不需要成爲誰，就能感受到愛。在朋友和家人間玩比較遊戲——比較鄰居的房子、汽車或看似完美的家庭，這些都會削弱你愛自己的振動頻率，因爲它違背你的眞實本質。缺乏自愛也會讓你無法尊重自己的價值觀，無法按照自己的價值觀生活。在這個世界上成爲**說出並活出自己真相的人**，就是愛自己的顯著標誌，這同時能鼓勵別人也這樣做。與這種狀況相反的，是在那些你非常在意他們意見的人面前，不停糾結自己的缺點或犯下的荒謬錯誤。當你陷入自我批評、羞愧和不安全感時，就會產生低振頻能量。即使在困難的時刻，你也必須要相信自己、原諒自己，始終堅持自己的信念。

如果你很難進入愛自己的狀態，想想你是如何慷慨、關愛、善良地對待所愛之人，就以同樣的方式對待自己。你可以更溫柔地與自己對話、更尊重自己。源於自愛的正向自我對話，能讓你更容易度過艱難的經歷，你內心討厭的聲音會消失，取而代之的，將是友善與尊重眞實自我的聲音。它會原諒你的錯誤，拒絕以侮辱的方式看待你的缺點。你將不再滿足於低於你應得之物，因爲你開始學會欣賞任何人，包括你自己的價値。

貝拉的簡單行動，創造出兩位人生導師

自愛也能讓你遠離憂鬱和焦慮，幫助你在生活不順遂時原諒自己、釋放自我批判的繩索，從更樂觀的角度看待令人難過的情況。我的客戶貝拉，有一段她覺得很可怕的過去：母親年紀輕輕就去世、哥哥死於服藥過量、有過一段受虐的婚姻，兒子也因爲那段婚姻而留下創傷。這些累積起來的傷害，讓貝拉早上幾乎無法起床，她的憂鬱和焦慮使她自己都無法承受。

不過，當貝拉準備好要好好愛自己時，她很快就將過去的程式處理完畢。她集中火力處理自己憂鬱和焦慮的根源。貝拉意識到，她的憂鬱主要是對兒子的創傷感到內疚，以及離婚造成的經濟問題。因此，貝拉將愛自己的概念轉化爲具體行動，她會特別規畫能與兒子專心相處的

活動以展現她的愛，並爲自己主動發起這些活動感到開心。當金錢觸發她的情緒時，她會提醒自己，更高力量將無條件愛著她，且會一直照顧她。貝拉也意識到，如果她能在生活中創造更多的愛，就能把愛送給兒子。雖然她無法改變兒子痛苦的過去，但她可以藉由這種方式積極影響他的未來。

貝拉實踐愛自己的這些行動看似簡單，卻不該被低估。在那之後，貝拉成爲一名成功的人生導師。透過鼓勵兒子「愛自己」，貝拉的兒子也將這種愛延伸到他人身上，成了幫助被霸凌孩童的人生導師。

愛自己不等於自私

不過，我不鼓勵將自私僞裝成愛自己的行爲。這些優先順序經常被混淆，尤其在現階段社會，許多人都認同爲了獲得幸福將自己的需求放在首位、不惜一切代價只爲拯救自己，是可接受的行爲。你是否常聽到有人說，你應該做任何你想做的事，只要你能快樂、自在、沒有煩惱？這種說法的矛盾在於，任何對快樂的追求，如果不是同時來自對最高善的追求，振動頻率就會很低。我最喜歡的作家L．R．諾斯特（L. R. Knost）說過一句話：「照顧好自己並不代表『我優先』，而是『我也是』。」這句話太對了，尤其適用於這裡。自我（Ego）可能很狡猾，所以在做出任何滿足自己的決定時，一定要以自己的心和直覺爲引導。那些被包裝成自我實現的自私行爲，無法被稱爲是愛自己。愛自己包括設定令人欽佩的標準、尊重自己和周遭人的需要。當你愛自己的時候，你也會對他人有更多的同情，對於發生在周圍的事發揮眞正的同理心，而不是把一些根本不是愛的東西稱爲愛。

從自我照顧開始

如果你像多年前的我一樣，很難突然開始愛自己，也不知從何開始，你可能需要靠規律的自我照顧行爲，以眞正能影響你能量振動場的方式帶出你對自己的深情。

要練習愛自己，我喜歡從最基本的開始。到目前爲止，你已經與自己有了更多的接觸，漸漸意識到自己的想法、感覺和想要什麼，這表示你已經準備好用最基本的方式來滋養自己。從最基本的照顧自己開始，讓自己營養均衡、達到精神方面的滿足、獲得適當的休息、擁有親密和健康的社會互動，這些習慣會自動帶領你做出新的行爲，比如自己做飯、小睡片刻、擁抱、舉辦有趣的晚宴、靜心、見見朋友等。自我照顧是指做一些能讓你感覺良好、讓自己受到尊重的事情，然後在你需要提升情緒和能量的時候經常這樣做。這是一份了不起的禮物，你可以不斷給予自己，永遠不會過時，尤其是當你有很多選擇的時候。

自我照顧就像模式阻斷，是非常個人的，你需要找出哪些活動最適合自己。發揮創意，如果你對這個活動沒特別的感覺，就再嘗試另一個！思考自己想要什麼，也許是跟著瑜伽教學影片伸展一下、看部電影，或溫暖地窩在毯子裡。讓你的直覺引導你。

我最喜歡的愛自己活動是做夢想板，類似願景板，不過我會把過去和現在的照片貼在上頭，提醒自己，我愛生命中的這些人、地方和事情，當然還有我自己。這些照片可以是家庭照、你家的照片、節日大餐、寵物，或是其他成就、愛、喜悅與和平的象徵。愛心板是相當有力的提醒，告訴你有這麼多出現在你生命中的事物，都是由愛產生的頻率所顯化的結果。我的愛心板上有許多照片，我工作室的、我先生和孩子們的、我在山頂上的、我們透過慈善活動資助的菲律賓孩子們的，也有客戶爲表達感激送我的畫。置身於這些愛的畫面中，能提醒我自己，可以爲他人服務是多麼幸運的事，也讓我覺得值得給自己愛。

有一個在我客戶之間相當流行的愛自己活動，是去做自己孩提時代會做的自我照顧活動，那是你的能量最純粹輕盈的時候。赤腳在涼爽的草地上行走、在巷子裡騎自行車、在看你最喜歡的情景喜劇時把 OREO 浸到牛奶裡。我七歲的時候，經常會自己泡一杯無咖啡因的茶，把腳泡在我媽家後院的池子裡，就這樣晃著腳丫，和神聊各式各樣的事：爲朋友們祈禱、感謝神賜給我生命，或只是閒聊一下我周圍發生的事。直到今天我仍然會這麼做。我把它當作是一項愛自己的活動，就好像讓自己回到從前的天眞和愛，但現在的我仍可以體現它。

愛真的能夠醫治

我們每個人都有一個主要的能量場，它會主導我們發出的大部分頻率，與周圍世界進行交流，但大能量場中一些較小的能量場，也會對整體能量有所貢獻。事實上，我們內心的能量場和頻率要比大腦的強得多，大腦的能量是相對較小且凝滯的。這就是爲何即使我非常著重建立、強化健康的神經通路，還是一再強調顯化時進入自己內心空間也同樣重要。而且因爲由愛散發出的頻率往往非常強大，因此可以用心的能量場來促進療癒。

我永遠不會忘記我在挪威的診所協助療癒患者時，遇見一位來自立陶宛的婦女。她在十幾歲時被綁架，然後在樹林裡遭受殘忍的性侵害。她來尋求我們幫助時有著嚴重的心臟問題，甚至心臟幾乎要停止運作。這位女士不會說英語，我們合作的過程需要透過翻譯幫忙，也存在文化差異必須克服，所以爲了使療程進行得更順利，讓患者確實在療程中感受到愛的影響力，大部分需要仰賴這位女士自己由內心去體會，而非透過直接聽到的外國語言或翻譯過的訊息。

起初，我以爲這名女士的心臟問題，可能是性侵害的經驗造成的，但她堅持自己已接受十個月的高強度治療，在處理自己的情緒，而我評估後也覺得她似乎恢復良好。於是，研究團隊和我開始使用由莫斯科政府機構開發，世界各地醫院都有使用的分子光譜儀進一步確認。這個儀器能讀取分子運動狀態，解釋分子運動的頻率模式，告訴我們患者從器官到腸液等身體各部位的細微情況。這部機器測出的頻率，證實了她的健康問題是來自於心理因素引起的心身症，所以，我們接著把她連接到另一部類似於可增強生理回饋的儀器上，讓我們對她的情況能有更進一步的了解。結果顯示，她的心臟並沒有受到與性侵有關的實質性創傷。即便如此，我們知道她的問題是由於某種內在衝突或壓力，導致她的心臟能量場產生了功能障礙。

後來，我向這位女士詢問她母親的事（根據我個人的直覺），我們才找到了根本原因：她告訴我她的母親死於絕症，而儀器顯示這正是這位女士心臟病的根源。我和她進行了約四個小時的諮詢，根據我在這個過程中獲得的直覺靈感，我盡可能地表現出我的愛，試著用自己心的能量場影響這位女士。我的直覺告訴我，這位女士認爲，她母親的愛是她所知的唯一無條件的愛，她在無意識間告訴自己，她寧可死去，也不願活著卻沒有了母親的愛。這讓她的潛意識發展出一種健康狀況，遍及她心臟各處，等於宣判了她的結局——她顯化了自己潛意識的混亂。換句話說，這位女士無意中顯露出希望自己的心臟停止運作，而她的能量場順從了。儀器也證實了這個事實。我充滿愛地說服她，除了母親之外，她還是能夠找到眞正的愛，而等到她離開診所後，開始練習愛自己是非常重要的功課，也是她能夠做到的事。此時她心臟周圍的能量場開始有了反應，隨後儀器也顯示她的大腦有了變化，開始接受我說的這些可能性。我意識到，對患者的診斷和療癒需要放膽一試，而根據她大腦和我分享的回饋，毫無疑問地，我們找到了眞正的原因和解決方案。

別想得太難，目標就是「活在當下」

關鍵是學會辨識、重現和巧妙地運用愛的頻率。當你的能量處於輕盈、輕鬆的狀態，你會知道自己正處於愛的頻率裡。從心理層面來說，你將眞正地活在當下，不再陷入過去的負面情緒或未來可能出現的任何煩憂。可能在你和孩子們一起玩耍時、當新鮮出爐的餅乾香味向你陣陣襲來時，或是一邊喝著奶奶過去常煮的冰茶，一邊欣賞著日出時，你會感受、並辨認出你正處於愛的頻率之中。如果你感覺缺乏自愛，運用你的想像力提取這些曾有過的正面記憶，會有幫助的。當我在自己身上找不到愛時，我喜歡閉上眼睛讓自己回想我丈夫的愛、神的愛，或者我自己給予別人愛的時候是什麼感覺。我會想像把這些愛的能量朝著我的心往內拉，將它們注入我的能量場，如此一來，我做的每一件事都將充滿著愛。

你的感受會影響你投入這個世界的能量，這些能量又會影響你顯化出來的生活，所以要牢記你告訴自己的、關於愛和愛自己的事情。你可以在日記中盡情探索你如何定義愛自己、愛自己讓你有什麼感覺，以及你爲什麼會有這種感覺。清楚知道愛自己的觀念是否正確實在太重要了。生活在眞愛中的人們是如此平靜，能夠輕而易舉地創造與顯化。我們給愛自己設定了太多既沒必要也不眞實的條件，因爲我們對愛的定義和表現大多是基於過去的程式，一旦我們清楚了自己潛意識卷軸裡關於愛的定義，就能夠重新改寫這些錯誤的概念，讓它們更準確地反映出我們希望接受和給予的愛。不需要把這想得太困難，學習如何用愛和自愛去追求一切，只是一種有意識的能量，有助於顯化成眞。

訣竅與重點

- 愛是一種高頻率的情緒，也是一種非常難忘的感覺。當你感到被無條件地接納與關心時，你想保護自己不受觸發點和角色影響的欲望就會減弱。
- 拒絕或感受不到愛的人，是因為他們的所作所為皆源自於匱乏、不真實和失落。
- 愛自己將激發無限潛能。你將處於一種創造無限可能的高振動頻率，讓你敢於夢想你想要的，並相信你值得得到它。
- 當你的生活不像你想要的那樣時，你就會把愛從自己身上拿走——儘管愛是讓你創造自己所想之物的最強大頻率之一。
- 「自我照顧」可以顛覆過去的程式，教會你感受和給予真正強大的愛。
- 神是無條件的愛的終極來源。神無所不在，無論這個世界如何讓你失望，你仍將被神的愛包圍。
- 愛自己能讓你在這個世界當一個說出和活出自己的真相的人。
- 由心輸出的能量場和頻率要比大腦強得多。
- 當你處於愛的頻率時，你的能量將讓你感到輕盈又放鬆。就心理層面來說，你將真正地活在當下，不去想過去的任何負面經驗，也不去想未來可能發生的任何事情。

第八章　#5 帶著意念能量開始顯化

在顯化任何目標的過程中，最容易被低估、誤解，卻也是最神聖的關鍵，就是駕馭最佳意念的能量，並將實際顯化步驟付諸行動的能力。這必定會是真實、光明、美好的能量，而不是由義務、內疚或不健康的愛和連結等負面情緒糾纏而成的凝滯能量。

正確的意念能量需要達到一個關鍵平衡點：它應該要深入你想要的結果，同時卻又與之分離。

當你擁抱並釋放出正確的意念能量時，就像在交岔路口進行選擇：是要選擇一條快速輕鬆到達目的地的平坦道路，還是布滿坑窪和路障的崎嶇道路呢？該選擇何者應該很明顯，對吧？即便如此，許多顯化者仍不知該如何找到正確的路徑，並沿著平坦的道路到達終點。他們會在不穩定的道路上顛簸前行，主要是基於這樣的假設：在顯化時帶著正向的意念能量，表示在你設定目標時是個好人，在追求目標時保持樂觀，以及選擇幫助他人。雖然這些都是我極其鼓勵的可愛價值觀，但我持續收到這樣的訊息：顯化時帶著正向的意念能量，比剛剛說的那些都更有系統、能更深入你的心靈層面。也就是在情緒/振動階梯上處於高於「中立」的頻率，這將有助於你達到特定的情緒狀態，創造出可帶來豐碩成果的高振頻，並讓你的主頻率因隨之而來的顯化和出其不意的幸運事件，維持在高振動狀態。

到目前爲止，你已經做了這麼多努力以清除過去的程式，提高了可能阻礙你感受正向顯化情緒的低振頻，你的能量場已經準備好，以最純粹的方式實現高意念目標。你已經能辨識出將產生不利於顯化的低能量觸發點，也知道該採取什麼行動應對。也就是說，你已經處於創造意念能量的最佳位置，讓你能夠設定驚人的目標，並在將之實現時大爲驚嘆。再次強調，這讓你有了巨大的飛躍，當大多數顯化者仍未意識到自己被過去的程式阻礙，導致凝滯、低頻的能量糾結於他們的能量場中，你已經遙遙領先。正向意念可以鼓勵顯化實現，但無法讓你接受它或顯化的過程一帆風順，最後可能會有一些問題，比如顯化的結果可能會很短暫，或有些後續的擔憂讓你無法盡情享受。

所以說，帶有意念的能量，並不是要讓我們成爲某一類人，也不是要創造特定的正向目標，只是要體現最純粹的能量，來支持你想要的行動和情緒狀態，使我們與宇宙至善保持一致，幫助我們避免低振動頻率選擇的反彈，就像我剛才提到的那些。

在這一章中，我會解釋擁有正確意念能量的重要性、如何創造正向意念來激發最好的顯化目標，以及當你遇到令人難過的事件阻擋了前方道路時，該如何進行顯化。我還會概述如何使用意念能量來設定與完成你的第一個顯化目標。擁有正確的能量就能改變一切！現在就來解鎖祕密五，實現強大的顯化吧。

理解意念能量

讓我們從最基本的開始：什麼是意念能量？

簡單地說，就是你所做的，和你聲稱想要的所有事物**背後的能量和驅動力**。它是引導粒子運動的力量，這樣才能造成顯化。意念能量也來自於情緒和心理狀態，它代表著你承諾要採取某項行動，無論是現在或未來。正如你所知，信念、情緒、思想和話語背後都有能量，所以如果你想在高振動頻率中進行顯化，就必須先用高頻率的意念點燃它。最終，你將維持在高振動頻率，主導頻率也將持續提升，隨之而來偶然且美麗的事物，自然會被吸引到你的氣場中。先拉回來，就目前而言，要顯化目標最關鍵的就是抱持眞實、正向的意念能量。

善用「情緒/振動階梯圖」

想辨識自己的意念能量相當簡單。在確定想要設定的目標後，促使它實現的感覺可能是好的（輕鬆快樂），也可能是壞的（凝滯沉重）。好能量通常來自於自愛、可能性、喜悅和平靜等正面感覺；壞能量則來自於憤怒、驕傲、悲傷、冷漠、內疚、羞恥、恐懼、義務和匱乏等負面感覺。

如果你需要提升你的意念能量，回到第六章的情緒/振動階梯圖，先確定自己現在的感覺位於階梯上的哪個位置，哪些情緒在它之上，你就可以知道要往哪些情緒狀態前進了。通常做一些你喜歡的愛自己活動和模式阻斷練習，就能夠往上移動了，以我個人來說，喝一杯喜歡的茶和寫寫日記通常就夠了。但如果做完這些活動後你仍覺得自己卡住了，那麼是時候該檢查和解開一些程式了。記住，不需要爬到情緒/振動階梯的頂端才能創造出適當的意念能量，只要讓自己提升個一、兩階，永遠高於「中立」，就足以增加顯化機率了。當然，在階梯上的位置越高，結果會發生得越快，因爲隨著振動頻率上升，你的能量也會移動得越快，但必須多快爬到特定的階層，並沒有一定的時間表，只要知道在階梯上爬得越高越好即可。

改變意念比改變行為重要

正向且可持續的顯化結果，與正確的意念能量直接相關。如果希望顯化成功，你的顯化目標應該是出於至眞、至善的意念能量。

比如說，如果你想要在工作上表現傑出是因爲兒時的霸凌經驗，讓你想證明所有人都是錯的，如此你就再也不會被取笑了，這樣的意念能量就是出於根深柢固的憤怒，而非至善。「長期挫敗感」的階梯層次甚至還位於「中立」之下。有時低振動頻率會不允許任何顯化發生，或者會確實顯化了某些東西，但一切卻是發生在不怎麼理想的狀況下。你會得到晉升或加薪，但也因此感到筋疲力竭，或是莫名拿到一份帳單剛好抵銷掉你的加薪，也可能新職位會在你就任不久後就被取消。這是因爲當你的意念能量來自於低頻欲望時，圍繞這些行動和結果的能量就會比較凝滯。

但是，如果你想把工作做好的意念，是出於想爲自己和家人提供令人興奮、舒適和無憂無慮的生活環境，這就將成功使你持續、恆久地處於正確的正向頻率上。你會在新職位上發展得很好，看著金錢自然流入，整個過程都感覺被神引導著。直接說就是：**改變能量就會改變顯化結果**。你不必改變行爲，但應該改變你的意念能量。

我們可以知道開始顯化前，要做的工作有多麼重要：處理最明顯的過去程式，以及在顯化過程或日常生活中遇到的觸發點，這些先發制人的措施可以讓你感覺準備妥當，積極應對。這部分值得重複一下，到目前爲止，你已經爲自己的內心做了很多努力，讓更高的意念和更純粹的能量流圍繞你的目標。沒錯，就是你！從純粹、純淨的狀態中顯化，而不是恐懼和過去程式。你已經將自己從不復存在的過去中拉了出來，將自己推入了現在——有無限可能性的現在。你開始專注於自己想要的事物，覺察自己爲什麼想要它們的能力也已經更加敏銳。

關注情緒狀態，而非有形目標

但我也發現，當我的客戶開始顯化時，他們可能會認爲自己想要實現某件事，比如成功，但當他們將檢查、解開糾結能量和移除障礙作爲新的生活方式後，往往會意識到，原來自己一直以來想要的東西根本就**不適合**自己。我敢保證，在你對過去程式做了這麼多清理工作之後，你第一次拿起這本書時認爲自己想顯化的事物，應該已經被改變、重塑了。這是一件非常好的事，新視角將幫助你從更眞實，也因此更有效的振動頻率中進行顯化。

如果你仔細思考，會發現我們所追求事物的核心並不是一大堆東西，而是一種努力獲取某事物的**情緒狀態**。如果你正透過追求一個有形的目標以達到某種情緒狀態，你會發現，當自己處於更高的振動頻率時，隨之感受到的將是心靈的清晰。因此你或許會開始調整顯化目標，以其他方式達到這種情緒狀態。以事業成功的例子來說，過去你可能一心想在事業上取得成功，但在做了各種檢查和解開糾結能量的努力後，現在你意識到，自己實際上想追求的是愛與認同。你會發現其實有其他比加薪更有成就感的方式可以獲得這些感覺，並因此提升你的振動頻率。你可能會改變顯化目標，例如籌畫一個慈善活動，讓被欺負的孩子和年紀稍長的學生組成一組，由年紀大的學生指導、照顧年紀較小的孩子，你也能因此獲得成就感，反映出自己或許需要的是從特定的社群獲得讚揚——而這一切都是由愛與熱情的意念能量所驅動，這種能量會將振奮的高振動頻率放射至整個世界。

所以，當你準備提出顯化目標時（我們將在本章稍後一起做這件事），請思考一下：你追求的情緒狀態是否與你的終極目標相符？如果不是，就改變它。因爲只有當你的意念眞誠，且振動頻率夠高時，你才能收穫持久的顯化結果。與那些來自世俗或錯誤價値觀的目標相比，以情緒吸引而來的目標將更容易達成。

將結果全權交給宇宙

最後，正確的意念能量還包括你必須對結果保持超脫的心態。維持超脫在許多靈性和能量工作中都相當重要，無論是顯化、療癒還是通靈。超脫就是爲宇宙清掃道路，讓宇宙移除你的低振動頻率（如絕望）後，進而開始處理你的請求。你可能會問，究竟怎樣的心態算是達到了「超脫」呢？因爲到目前爲止，我只說了要你對正向意念感覺快樂、熱情、充滿愛。超脫並不表示要你不在意目標究竟會不會實現，也並非要你對於達成目標不感到興奮。超脫代表的是將結果交由宇宙決定，放手讓它在最完美的時間點，以比你自己所能想到的、更宏偉的答案自然流向你。當機會出現時你仍必須採取行動，但當你保持超脫，就不會產生來自凝滯能量的壓力或控制。

因此，你可以想見「信念」在此處有多麼重要，這表示你必須願意相信至高、至善的宇宙力量，相信一切的出現皆爲必然，相信你所做的一切皆包含在一個更宏偉的普世計畫中。不是要你斷開情緒的連結，而是希望你能夠將情緒驅動的能量送到一個純粹神聖的空間，在神聖之流中全權交由神安排。

成功顯化靈魂伴侶的安柏

我有個叫安柏的客戶，想要顯化自己的靈魂伴侶。安柏的男友突然頭也不回地離開了她，讓她覺得自己不只是被拋棄，還認爲一定是自己很「噁心」，才會被如此輕易地拋棄。她不再相信宇宙希望她快樂。

一開始安柏告訴我，她顯化的意念是想感受被愛，因爲她厭倦了孤獨，感覺自己一天比一天老、胖、醜。現在你已經知道，這樣的意念能量無法顯化出讓安柏一直愉快相處的伴侶，因爲它是由匱乏、恐懼和自我憎恨所驅動。安柏的大腦和氣場會掃描她的願望，卻無法讓她獲得想要的情緒滿足。我的猜測是，安柏心裡可能還放不下前任，或是和家庭成員的關係還有未療癒的部分，因爲她的意念能量滿是由過去程式帶來的低沉氛圍。因此，我和安柏一起努力提升她的能量。我建議她持續兩週，每天進行兩種愛自己的活動，以進入更高頻的狀態，幫助自己意識到：她眞正想要的是和一個與她平等的人分享生活，而且她想感受愛，是因爲她値得擁有愛。

安柏產生了一個強大的新信念：她相信神會照顧她，並引導她的靈魂伴侶到她身邊。她深深地相信她的完美伴侶就在某處，正確的能量自會將他帶來。同時，安柏也做到對結果完全保持超脫。六個月後，安柏遇到了一位男士，在我寫這本書的此時他們還在一起，過得非常幸福快樂。

維持意念能量

顯化不是吸引**你說你想要的**，而是吸引**你振動頻率的本質**，在很多方面都是如此。現在停下來，把這句話再讀一遍。這表示，如果你能夠維持高主導頻率，就會感覺顯化是如此輕而易舉，人生像開了外掛，不須太過努力，好事也經常發生。因爲高主導能量會讓你處於宇宙的至高能量流裡，位於其中的所有人事物都會得到好處。意念能量是顯化的必備要素，但是當你圍繞著這個能量建立你的生活，讓自己一直維持在高振動頻率時，就不必經常去刻意提高它。經過幾年的練習，現在我已經能夠將主導頻率維持在高振動狀態，我的顯化結果會時常不經意地出現，總有好事會發生在我周圍，且比我自己刻意創造的還要好。

爲日常生活注入健康的意念能量相當重要，它會讓你自然地習慣去做這件事，幫助你建立和維持高主導頻率，對你周圍的人也會帶來好的影響。我們的身體就像是能量天線，總是在接收和發送頻率到他人的能量場中，因此你能夠對周圍的人產生正面的影響，而你也應該這麼做。這就是爲什麼有些來找我協助的成癮者告訴我，他們覺得支持小組幫助有限，過沒多久他們就會發現自己已經「超越」這個團體了。支持小組可以幫助你戒酒或戒毒，爲你的成長奠定基礎，但由於成員們常常在經歷內心掙扎，認爲自己就是個終生成癮者，團體的整體振頻波動太大，導致其中的個人會難以持續進步和顯化。因此，最好是和諮詢師一對一合作、向志同道合的朋友尋求支持，或是找個像「眞實生活」這樣的靈性專案幫助你持續成長。

成功破除身材焦慮

和很多人一樣，對於運動，我這輩子大部分時間都是帶著一種不健康的、近乎成癮的態度去看待，這使得我對於這本該是促進健康的活動，總是抱持著懷疑的意念能量。

十幾歲時，我很執著於體重，但也很愛吃，所以運動對我來說總是伴隨著自我厭惡的意念。在我療癒這種症狀後的幾年間，我非常努力地以理智的方式塑造美麗的身體，結束我神經質的飲食習慣，以不會引發暴食的食物來滋養自己。六年後，我和先生從達拉斯搬到了拉古納海灘。

陽光明媚的氣候和沙灘上的俊男美女，激勵我要變得非常健美，所以我請了一個身材超好的健身教練，他爲我制定了一個極爲嚴格的健身計畫。我敢打賭你能猜到接下來發生了什麼事！我對教練的忠誠和對完美外表的追求誘發出舊版本的我，一個角色出現了。

有天下午在訓練時，我正努力想完成一組深蹲，突然一個清晰的聲音出現在我腦海對我自己說：「我恨你。」而這竟是刺激我完成最後一個深蹲的動力！我甚至不須檢查就立刻意識到，負面的意念能量又回來了，因爲我在高強度運動和逼自己完成它的負面意念之間有一個程式連結。我甚至開始情緒崩潰，這是我再度以自我厭惡的能量進行運動以來，從未發生過的情況。之後我立即放棄了高強度健身，開始以另一種健康的方式運動。我必須爲了我的孩子活得更久，因此我開始享受食物、加倍愛自己，直到讓自己接受這一切。我仍然在運動，但我的意念能量不是圍繞著討厭自己，或爲了得到別人的認可而看起來很好。

或許這個經驗最有趣的部分，是我仍然從減量的運動中獲得了驚人的成果。我正面且高振頻的意念，讓我得到的比我試圖透過負面方式達到的更好。我不只在情緒上感受到更多支持和滿足，在身體上也同樣獲得了好的回饋。改變意念能量，讓我能帶著高振頻的自己離開我家的健身房，並持續以這樣的振頻做我當天要做的所有事。

正如我之前提過的，要維持高振頻並不需要在每次遇到特定觸發點（特別是某種情境）時，就一定要檢查、解開糾結能量或做類似的清理工作。有時當你意識到意念能量偏離了正軌，使用一個模式阻斷或愛自己的活動就足夠了。例如，你覺得爲家人煮飯更像是一種義務，而不是一份禮物，所以光是想到要做這件事就會降低你的主導能量，更別說是實際去做它了。但你可以在用餐之前、期間或之後，做一些愛自己的活動來犒勞自己，克服這種沉重能量，比如在準備好飯菜後洗個鹽浴，在處理食材時聽聽音樂，或是在清理廚房時，和孩子一起在廚房裡跳舞。

注意一下，在此處你必須：

1. 意識到你並不喜歡自己正在做的事。
2. 在這件事情中加入一些你**真心喜歡**的活動。

然後，振動頻率就提高了！

愉快地進行煩人雜務

即使你感受到合理的抗拒，還是可以透過轉移意念能量來維持高振動頻率。在科羅拉多州的第一個冬天，眞的讓我非常驚訝，才幾個月居然能下這麼多雪，尤其我過去住的是亞利桑那州、佛羅里達州和德州這些相對較暖和的地方。然而，儘管下著大雪，我們救援的狗狗坦克仍然堅持要去後院上廁所——很遺憾地，我們的清理工作中途失敗了。通常不管天氣如何，替狗狗清理糞便就是我兒子布雷登的工作，但那寒冷的天氣眞的相當讓人害怕，所以我們放棄了。等到太陽再次出現，雪終於融化時，或許你可以想像一下狗狗在一大堆排泄物上奔跑的樣子！

第一次看到滿地沒清理的狗狗排泄物時，我覺得我有必要幫助布雷登完成他的重大任務，把它們清理掉，但我最初的意念能量是心煩和不知所措。我對於鏟狗大便沒什麼糾結歷史，所以沒有進行能量檢查，而是做了一個模式阻斷來轉移這個事件周圍的意念能量，這樣高振動頻率就可以餵養我自己的能量，進而也影響布雷登的。我讓自己和布雷登各拿一把小鏟子，一路笑著做完這個討厭的冰上活動。爲了迎合一個十歲孩子的幽默感（面對現實吧，其實是我自己的），整個過程中我不斷地講各種關於狗大便的笑話，一度糞便甚至不小心弄到布雷登的鞋子上，讓我們兩個都笑到不行。我的意念能量毫無縫隙地轉化爲愛，讓我們的頻率都提高了，否則這種事是很容易毀掉一整個下午的！請注意，我們並沒有改變我們要做的事情，我沒有請別人來做這項工作，也沒有說服我先生幫忙，但我確實改變了我的意念能量，直到結果變得毫不費力、高效率又有趣。請隨時記得，改變能量是一種**選擇**，你可以自己決定什麼時候要做，這是你的權力！

專業提示：當你處於高振動頻率時，是一段很棒的時間，可以顯化你的內心，而且運用的還是你自然達成的豐盛頻率。在顯化的過程中，你心裡不一定要有個目標，有時我只是帶著好心情開始，然後在我以高振頻做事情的過程中，才想出一個或多個目標。我不需要太努力去創造正向能量，因爲我一開始就已經在往正確的方向流動了。到這時，我和兒子一起鏟完累積一個月的狗狗糞便後，我馬上跑進屋裡，將一些顯化意念付諸行動——我將在下面解釋這個過程。

準備好開始顯化了嗎？來吧！

學會運用正向的意念能量，是實現顯化目標的第一步。現在你已經爲清晰的心智和主導的高振頻鋪平了道路，是時候學習如何執行顯化的步驟了！雖然我說了很多例如事業成功、財富、找到靈魂伴侶、買下夢想中的房子等遠大的夢想，但我的客戶也喜歡顯化日常目標，比如減重、一趟很棒的旅行，或是最好的咖啡機等等。畢竟，只要你一直保持著高主導頻率，顯化就會自然地成爲一種生活方式，你可以用來獲得任何你想要的東西，不論它們看起來有多麼重要或微不足道。

步驟 1　釐清背後的意念能量

首先，我希望你確定一個想顯化的目標，並確保它背後的意念能量是純粹且高頻率的。你可以在思考你的目標時，**感受**一下自己體內的能量如何，或是問自己：「**我為什麼想要這個？**」如果答案讓你產生正面、輕盈的感覺，就可以繼續下一步；但如果答案讓你感覺沉重有負擔，就該檢查並解開你顯化目標周圍的糾結能量，根據需要決定要使用模式阻斷或是愛自己活動，想辦法提升自己的振動頻率。其實意念能量低的原因，並不一定要追溯到過去程式或創傷，可能是因爲當天發生了一些糟糕的事，讓你的意念能量感覺不那麼理想。這種情況下，你眞正需要的是想出一個愛自己或模式阻斷活動來提振你的能量。無論哪種方式，確定你的「爲什麼」並不需要透過很多步驟，而且無論你決定做什麼來提高能量，都是値得投入的，因爲隨著時間推移，你會有更好的顯化成果，並建立更高的主導頻率。你還記得自己上一次處在高頻率中是何時嗎？那種感覺有多棒？讓自己再到達那種狀態吧！這樣一來就能夠改變你的意念能量，或是你可以選擇改變目標，讓它與你希望達到的情緒狀態相配，這樣也能夠讓你處於一個更高、更眞實的振動狀態。你也要知道，運用方法讓自己的能量保持在高振頻狀態，總比讓自己陷入很低的狀態，才努力把自己拉上來要好。把它想像成在河裡游泳，往下游比往上游容易多了，對吧？

步驟 2 寫下你的目標聲明

在確定了與你想達到的情緒相符的目標之後，你就可以開始寫日記了。請在頁面最上方寫下：「我正在______」在這裡陳述你的顯化目標。我不喜歡以現在式（I am）的角度來陳述未來的目標，比如「我很健康」或「我戀愛了」——因爲這會讓人感覺不太眞實或有點愚蠢，大腦會告訴你這不是眞的，並降低你的振動頻率，因爲你會認爲這目標不怎麼可能實現；但如果寫下「我正在戀愛的過程中」或「我每天都變得更健康」，這是一種大腦可以接受的陳述句。這也是我少數會要求你們注意措辭的情況之一。我不認爲你一整天都必須使用積極正面的語言，因爲現在你也知道了，語言背後的能量才是最重要的。想想看，同樣一句「我愛你」，可以帶著很多不同的意念能量——眞誠、受挫、冷漠、熱情——而你應該始終保持在最佳狀態的，是你的振動頻率。

步驟 3 詳述細節

詳細列出與你目標相關的任何細節。如果你的目標是顯化一個靈魂伴侶，那個人會長怎樣？個性如何？重要的性格特質有哪些？你們相處的時候是什麼感覺？然後爲你的目標附上一個截止日期，寫下「我想在——前實現這個目標。」最後，畫出你想顯化的事物。不必畫得像雷諾瓦那樣，基本的線條人物和圖樣就很棒了，只要這個圖樣能讓人聯想到喜悅和愛，你想畫得多簡單或多複雜都可以。在練習結束時，你應該感到能量滿滿、非常興奮，對於能夠達成這個目標充滿熱情！

步驟 4　神奇的十五分鐘觀想練習

接下來，你要做一個長達十五分鐘的觀想練習。在我與數千位客戶合作，並爲自己顯化了不可思議的人生之後，我發現最有效的觀想，是在你半睡眠狀態的時候，也就是你進入夢鄉之際（入眠期／臨睡狀態），或從睡眠過渡到清醒（清醒前／臨醒狀態）的時候。就我個人而言，我喜歡把這兩段時間稱爲「顯化時間」。當你意識到自己快睡著或即將醒來，就開始重申你在日記中寫下的意念，然後想像一下追求目標過程中的感覺，或是達成目標後的感覺，無論哪種感覺對你來說是最令人興奮開心的。你甚至可以想像自己完成最終目標的場景，比方說成功顯化出數百萬美元後，你會去買一輛新車；當你關節炎痊癒後的某一天，你正在伸展身體要開始跑馬拉松。在腦海中反覆想像這個畫面，直到你用盡五種感官去感受你的終極目標，確保你所體現的情緒狀態，與你試著以顯化達到的情緒狀態相配。

讓我們稍微說一下這兩種半睡眠狀態，因為它們非常有趣。沒有哪一種狀態比較好，你可以感覺一下哪一種對你來說比較舒適和自然，就像顯化過程中的許多細節一樣，真的只是個人偏好的問題。在臨睡狀態時，你的想像力是最旺盛的，你的直覺會透過熟悉感和感知聯想，將記憶和概念串在一起，充滿創意的解決方法就此浮現。所以在這種睡眠狀態下，出現幻覺、清醒夢（lucid dreaming），甚至鬼壓床等不自覺的體驗相當普遍。

由於大腦在臨睡狀態下正適合創意浮現，許多科學家、音樂家、作家和藝術家都會利用這種狀態獲得靈感和解決問題。例如，瑪麗．雪萊創作《科學怪人》的靈感就來自於一個臨睡前的夢。據稱，科學家愛迪生會故意躺在沙發上睡，同時拿著湯匙或兩個鋼球，這樣他一睡著，東西就會掉在地上，響亮的撞擊聲會把他吵醒，然後他會在忘記臨睡狀態的想法和見解之前，馬上把它們寫下來。藝術家薩爾瓦多．達利以入睡前的夢境作為他超現實主義繪畫的靈感，他用的技巧跟愛迪生差不多，握著沉重的鑰匙入睡，一睡著鑰匙就會掉到盤子上。根據一份科學雜誌，約三九%至八五%的人經歷過這樣的「夢」，所以如果你想試試握著湯匙或鑰匙來觀想，我相信這是一個非常強大的機會，能與宇宙共同創造。

臨醒狀態則和臨狀睡態相反，我比較喜歡用它來顯化特定的目標。早上起床的第一件事就做這個練習是最簡單的，而且，它讓你以提升過的振動頻率開始你的一天，用正確的方式開始這一天。你也可以在午睡剛醒來的時候做。無論哪一種，你都很放鬆，大致上已經清醒，心理狀態也很順暢。比起臨睡狀態，你會更清楚意識到自己處於兩種狀態之間，你可以辨識出自己在想什麼，或在睡覺時夢到什麼，同時也能想到接下來的一天。我認爲這種過渡狀態的效果特別好，因爲你的大腦還沒有完全啟動，所以過去的程式還沒有開始影響你的思想。這個過程讓我想到通靈者如何分離自己的心理狀態、接收資訊，並允許能量流經自己。當你的認知思維沒有阻礙你，但仍然在接受想像力和創意時，你就可以在這時進行觀想。

步驟 5　保持超脫心態

你已經在前一天晚上或當天早上設定了顯化目標，接下來要做的，就是對你的目標保持超脫，以輕盈、清晰的頭腦享受你的一天。但如果你感覺被觸發了，就繼續檢查自己的能量，這樣你才能夠繼續做可以維持高振頻的事。

當你需要提醒自己如何駕馭強大的意念能量時，請隨時回顧這五個顯化步驟。

接下來，我將用自己的例子來說明這個過程從頭到尾該如何進行，讓你知道一個步驟是如何無縫銜接到下一個。我最近爲家人顯化了一個夢想之家。我們從加州搬到科羅拉多時，暫時住在我們的靜修中心，但那裡並不是最理想的住家環境，我希望家裡面每個人都有自己的空間，不受客戶的能量淨化和療癒過程影響。我希望我的孩子們有一個叫作家的神奇空間。那時有一幢漂亮的房子總是浮現在我的腦中，但它的價格超出了我的預算，所以我把它放在心裡，但大部分時間都不去想它。我在一個慈善活動上與地主短暫地見過面，雖然我喜歡那個地方，但它需要整修，而且，我不喜歡它的價格。即便如此，我還是無法擺脫那樣的直覺：「如果條件適合了，這裡將成爲我們永遠的家園。」

我拿起日記本，寫下「我正在搬家的過程中」的意念，畫了一張我想要的房屋模樣，列出了一些完美條件的細節，比如價格和其他細節。然後，我每天早上都在臨醒狀態重申我的意念，以高意念能量去觀想，想像孩子們在院子裡玩，我先生在書房讀書，全家人一起坐在沙發上享受電影之夜，而我在廚房裡做晚餐，看著白雪皚皚的山脈。我運用了各種感官，想像陽光照在我臉上是什麼感覺，想像爐子中烤著我家最喜歡的菲律賓菜阿多波（adobo）的味道。大約十五分鐘後，我抱持著追求每個人的至善的心念釋放我的目標，然後脫離它（有些人稱之爲「放手，讓神去做」，這也一種超脫的能量）。結果，在**一個星期**內，房子的主人就來敲我的門，提議要把他的房子賣給我們，價格和我所列的完全一樣！這不是很不可思議嗎？根本就像把東西放在金盤子上端給我們一樣。五星期後我們搬進了這棟房子，它就是不斷給予我們的禮物：一個溫暖、充滿愛的空間，讓我們一家人茁壯成長。

分門別類，然後一個個來

如果你之前沒有做過這樣的練習，我建議你剛開始時，一次只要找一個目標顯化就好，直到宇宙開始爲你提供通往目的地的行動步驟。我將在下一章討論具體的細節，但現在，我想讓你看看它們如何逐漸形成整個顯化過程。有了行動步驟，你就可以跟隨它們，就像跟著地上的麵包屑走，直到你達到具體和情緒方面的目標。例如，在屋主來找我之後，我採取步驟，積極協商我們其餘的協議內容，直到合約達成，然後當然就要收拾我們的東西、安排搬家等等。當我聽到前屋主的敲門聲時，宇宙已經發出了「go」的信號，接下來就換我做我那部分的事了。

顯化不只是一個心理和能量的過程，你還是得付出一些努力才能到達終點，因爲我們生活在一個三維世界中，你不能指望宇宙照顧到每一個細節。我也會把行動步驟看作是一個標誌，表示你已經朝著第一個目標堅定地邁出步伐，接下來就可以向其他目標前進。如果你想要同時顯化好幾個目標，可以把它們分成不同的類別，比如健康、愛情、家庭、金錢、新房子等等。如果在某些類別中遇到阻礙，分別釐清每個類別，比處理全部重疊在一起的事情要容易得多。

相信宇宙自有祂的安排

當然，不是每一條通往顯化目標的道路都將一帆風順，有時候就是會在顯化的過程中碰到一些生活上的改變。當障礙出現時，我們可以選擇與它合作，也可以繞過。比如說突如其來的創傷、家人過世、受虐待、疾病、離婚或其他意想不到的事件，都很難讓人維持高振頻的情緒。如果這種經歷最近剛發生，可能需要一段時間才能癒合，這些是你無法控制的。但別擔心，沒有關係，這本來就很正常！宇宙一直都在照顧著你。要相信神的計畫。

你的主導頻率可能會因爲遇到障礙而降低，但你仍然可以激發顯化目標背後的意念能量，並且讓它高到可以與你共同創造——尤其是如果你已經用檢查和解開糾結能量的練習處理了很多過去的程式。記住，頻率只需要在中立之上就可以了。一般來說，愛自己的活動和模式阻斷就可以讓你到達這個振頻了，即使是在你遭遇困難的時候。這讓我想起了我的朋友瑪麗，她得了萊姆病，症狀非常嚴重，不但毀了她的健康，也毀了她與家人的關係。即便如此，她還是設法從這種難以置信的凝滯狀態中寫了一本書，幫助別人應對自己的困難與疾病。雖然有時候瑪麗覺得她連一天都撐不下去了，但她仍設法創造了一些美麗和成功的事物，縱然她的主導頻率不一定支持它。我相信是神給了她一定的力量，還有她自己即使處於艱難狀況，卻爲了顯化目標仍維持專注和正向的意念能量。對我來說，即使你當前身處較糟的情況，神也不會阻止你以能提升自己的靈性和振動頻率，且有助於向他人發送美好的方式去做好的工作。我相信神的能量希望你受到鼓舞，即使在最黑暗的時刻，也要爲自己和眾人繼續前進。

在顯化目標眞的被實現以前，可能會出現超出控制的事件造成干擾，當這種情況發生時，我相信這表示宇宙正在把你的生活引導到與你預期不同的方向。神的心中總會有個神聖的時間表，我們必須學著相信它。新的道路可能仍然會帶你走向你最初想要的情緒狀態，雖然最終結果不一樣。**請相信這條嶄新的道路必定會為你帶來至善、至高的幸福**。也就是說，當生活發生變化時，你可以調整你的顯化，並相信宇宙自會填補那些縫隙。

我有一位客戶，她花了幾個月的時間觀想和家人一起住的新家，就像我一樣，然而此時她先生的自由意志突然介入，他提出了離婚。這顯然不是我客戶所期望的，更別說是想顯化這件事了，不過她必須相信神會以另一種方式滿足她的情緒目標——滿足感和家庭。我也建議她堅持她的顯化目標，但這一次，請空下伴侶的臉，接著創造第二個顯化目標：自己期望中的另一半是什麼樣的人。在我寫下這篇文章的時候，她的目標還沒有實現，但我們都很有信心，它一定會實現。

以正確的意念能量進行顯化是必要的，且將令人感到滿足。它能夠讓你有效地實現目標，還能夠讓你在過程中感覺很棒。現在你已經知道該如何用自己所能聚集的最高能量來設定顯化目標，接下來，讓我們確保這條道路對你來說足夠清楚，可以採取最佳行動步驟，並在此過程中處理你察覺到的問題。

訣竅與重點

．意念能量是你所做和聲稱想要的一切背後的驅動力。它引導粒子的運動，讓顯化得以產生。意念能量也來自於情緒和心理狀態，代表著你對現在或將來實施某項行動的承諾。

．正向的、可持續的顯化結果，與正確的意念能量直接相關。

．當意念能量來自低頻欲望時，圍繞在你的行動/結果周圍的能量將會更凝滯。

．擁有正確的意念能量，代表你必須對結果保持超脫的心態。

．顯化不是吸引**你說你想要的**，而是吸引**你振動頻率的本質**。

．將健康的意念能量注入日常活動中，會讓你自然養成習慣，幫助你建立和維持高主導頻率。

．從一次進行一個顯化目標開始，直到宇宙給你行動步驟。

．當意想不到的事件和阻礙干擾你的顯化時，是宇宙正在引導你往不同的方向前進。放開心擁抱它吧！

第九章　#6 爲行動步驟打造顯化藍圖

爲顯化目標設定行動之後，我不會責怪你假設（甚至希望！）從現在開始，就只剩下簡單的等待遊戲，直到你的夢想自己找到實現的途徑。但事實是，最好的顯化者都知道，在這段時間裡聰明地主動一點會很有幫助。

在你到達終點之前，你應該在每天早上或晚上念完你的顯化聲明後繼續觀想，其他時候則對結果保持超脫，持續處理任何突然出現的觸發點，如此一來，就能一直維持高振頻。在腦中想像這個過程，可能會覺得有點複雜，但在我自己持續做了這麼多年，也協助了成千上萬名客戶後，我可以保證，這個過程將自然而然地成爲你存在的方式，且很快就能達成。模式阻斷和愛自己活動也是必要過程，可以幫助你維持高主導頻率。

那麼，來到顯化的最後一步，就是在宇宙和顯化藍圖的指引下，朝著你的目標採取行動步驟：調整心態，在你遇到觸發點時幫助你順利度過，到達最終目的地。這就是祕密六：打造並遵循藍圖中的步驟。

正如我在前一章簡短提到過的，在你啟動了某個顯化之後，宇宙會向你發送各種信號，讓你知道這個顯化已經動起來，並指引你做出可以幫你抵達目的地的實際行爲。當然，宇宙不會明確指出你應該做的**每一步**是什麼，但你會注意到某些引導會指示你下一步，或驗證你正在採取的步驟。

宇宙不會給你所有的答案，因爲發現和學習是靈魂在地球的進化之旅中必不可少的，宇宙的目的是讓你做出能獲得成長的選擇。

因此，如果你想要顯化可靠的托兒服務，你可能會在逛市場時偶遇一個朋友，他的保姆正想再找一份工作。或是你想顯化一場特別的週年紀念旅行，聽 Podcast 時就正好聽到關於省錢旅行的好建議。

既然如此，你要如何知道那段對話、事件或突然的會面，對於你的行動是否有意義？你的振動頻率現在比較高了，因此你的直覺會輕推你一下，你會覺得：「噢，這很不錯！」或「哇，也太巧了吧！」諸如此類。如果我不小心踢到腳趾，我會把它看作是來自宇宙的回饋，並留意：那一刻發生了什麼事？爲什麼神會引起我的注意？我會問自己：「**這徵兆是什麼意思？為什麼神現在告訴我這些**？」隨著你對徵兆的覺察增高，將加速你的顯化；當你意識到並跟隨它們走向目標時，本質上就是在與宇宙對話。

現在你可能會發現，在規畫、採取每個步驟時，無論是回應還是決定下一步，你仍然會忍不住沉浸於過去的程式——這就是顯化藍圖派上用場的地方。找出一系列動作，是一種非常系統化的、左腦的操作，你的過去程式會擔心即將發生的事，甚至試圖掌控它們。當某個行動步驟觸發了低振頻的感覺時（主要來自於各種恐懼：失去的恐懼、未知的恐懼、被拒絕的恐懼等等），顯化藍圖可以告訴你如何快速解決這個障礙，就不必進行全面的能量檢查和解開糾結能量，除非你有更深入的工作要做。如果真的遇到這種情況，你也會意識到，問題比你一開始認爲的要更嚴重，而藍圖技術太過簡單，無法解開糾結能量，需要更進一步去解決它。

在這一章中，我將說明如何創建顯化藍圖，讓你以最純淨、直接的方式採取顯化的最後步驟。當你進入顯化目標的最後階段時，你的藍圖將支持你的行動步驟，讓你與宇宙協同合作，達成毫不費力且理應要達成的結果。在前進的道路上，你可能會遇到像打嗝一樣、頓一下的感覺，試著把這看作是一種回饋，它能讓你在至善中接受自己的顯化。目標已經如此接近，你就快要能感覺到它了！

顯化藍圖的草稿

你的每個目標都必須要有一個對應的顯化藍圖，因爲它可以幫你開闢出最佳路徑，將充滿希望的目標變成具體的現實。行動步驟還能夠幫助你釐清如何應對觸發點，因爲它可以帶你走出舒適圈。我之所以特別提到顯化藍圖，是因爲對我來說，藍圖是一項遊戲計畫——它是一種技術設計，使你能夠保持在原始意念和願望的軌道上。情緒無法左右它，偶然的意外也無法將它推離正軌，因爲它是在清晰的狀態下被創造出來的。

顯化藍圖必須要包含三個使你與顯化目標保持一致的重點：

1. 當你朝著目標前進時，如何打造出「期望心態」？
2. 如何最有效地採取你的行動步驟？
3. 當某個步驟觸發你時，該如何應對以保持高振動頻率，而不是屈服於較低的、基於恐懼或來自過去程式的頻率？

你不用一定要寫下這些步驟，但我覺得寫下來會很有幫助，因爲你可以刪掉一些你覺得可以省略的步驟，或是每完成一項就把它劃掉。你也可以把這部分和你的顯化聲明和圖片寫在日記裡。

建立期望心態

打造偉大藍圖的關鍵第一步，就是調整思想框架，確認你的行動步驟來自於偉大的期望。

我知道你已經做了各種能讓自己維持正面頻率的事，也將繼續做下去。

不過現在，我想讓你在觀點上做最後一個關鍵的調整。

我希望你有意識地、沒有任何一點遲疑地確信「你的目標一定會實現」。要做到這一點，最理想的方法不是與自己對話，而是打從心底認定這個顯化事件**已經在**發生，好像你已經把它寫在日曆上，是即將到來的事件一樣。大概就像你已經預約好要剪髮，在你安排好這件事，並把它寫進行事曆的那一刻，你信任它會發生，因此你的大腦會放鬆下來，不去懷疑這件事究竟會不會發生，或是預先想好八百三十七個備用計畫以免它失敗，也不會因爲過去的不好經驗或尚未發生的事情，而預期自己的情緒會受影響。你的情緒會感覺中立，然後繼續前進。如果你安排的事件是更令人興奮的活動，比如生日派對，你會有類似期望的心態，但會增加情緒和頻率方面的幸福感。當你在這兩種情況下等待合理的結果時，你的振動會處於一個中間或更高的頻率。帶著這種「目標一定會實現」的顯化假設，就能夠與這些例子感覺相似。

建立這種期望，認定顯化已經在向你走來的途中，將從能量方面爲你打開通往未來的大門，並激發**可能性**的振動頻率。相信這個可能性，可以讓能量流動得更快，因爲它是由信念、希望或信任這些正向意念所激發的。表現得好像你的目標已經在路上，有助於維持你的高主導頻率。如果你表現得像是你的靈魂伴侶就在門口，或與母親的關係已經療癒了，你會感覺到高振頻，並把那樣的頻率拉向你。即使從宗教的角度來看，信念和期望也是攜手並進的。《聖經》

以賽亞書中說到：「神總是盼望渴望著對你好，但你必須先**期待**神的恩典。」我不是一個特別虔誠的教徒，但我喜歡這句話背後的眞理。

雖然在前一章中，我不鼓勵你在寫顯化陳述句時使用現在式的句子，因爲你的大腦不太可能接受樂觀多於現實的聲明，不過，現在你把期望心態與行動步驟**結合**起來，大腦就會比較容易相信任何結果都是有可能的。當宇宙向你展示這些步驟時，你的大腦會興奮地接受它們，以作爲下一步的行動指標，而不是僅當成巧合而無視，或透過過去程式或角色濾鏡看待它們。

這讓我想起了我的客戶卡爾麥，一個全職媽媽。我們認識的時候，她先生是個失業中的承包商，家庭的經濟狀況非常不好，得靠食品劵生活。不過卡爾麥從她父母那裡借到足夠的錢來參加我的三十天線上課程，並且根據她從中學到的方法，成功顯化了另一場現場活動的費用。這筆錢意外地出現在郵件中，是一筆延遲的退稅！她還觀想在現場活動中見到我和我先生，雙方的孩子在午休時間玩在一塊，果然後來的事實跟她想的一模一樣。

更重要的是，卡爾麥在現場工作坊中更充分地學習了如何掌握八個顯化祕密。她開始每天使用這些技巧，不到三個月，卡爾麥的先生就開始工作了，也還清了債務。在我見到卡爾麥時，讓我最驚訝的不是她的足智多謀或決心，而是她的信念和期望心態是如何支持著她的行動步驟。她從不懷疑自己接收到的徵兆，包括要她賣掉他們的其中一輛車來支付帳單，或是帶她先生一起參加我的工作坊，好同步他們的財務顯化目標。打從一開始，卡爾麥的注意力就完全集中在實現顯化目標時必須採取的步驟，因此她需要用來恢復家庭經濟基礎的金錢，就這樣毫無顧慮地出現了。

技巧1 保持「中立」情緒

如果你覺得光靠想像很難做到的話，的確是有些實用的方法可以讓你的頭腦順利進入正面期待狀態。

第一個技巧是先不要走得太快，以你期望的方式去看待事物，而是以這些事物當下的樣貌去看待它們。如果你能夠以不過度樂觀、也不過度悲觀的角度去看待一個可能的結果，你就能夠處於中立狀態，或至少能夠處在一種願意的、帶著可能性的狀態，逐漸爲期望鋪平道路。畢竟，如果當下的生活讓你感到相當痛苦艱難，要你期望一切都變得美好簡單可能是跳太快了，採用分層的方式在心理上會比較容易適應。

以事物原本的狀態看待它們之後，接著，請再想想某種結果是否可能。問問自己：「如果預期顯化偏離方向很容易，那麼預期顯化實現是否也**同樣有可能呢**？」你的大腦很有可能會同意這個想法，期望心態就將隨之產生。舉例來說，若是你有某種慢性病，還曾經發展成急性感染，讓你感覺糟透了。坦白承認吧，從那時起，你便很難立即相信自己能夠痊癒。但是，如果你很容易就能預期自己一輩子都在生病，那麼是否也有可能期待自己完全康復呢？當然可以！從此刻開始，你應該期待自己的健康狀況正在逐漸改善。我們的細胞健康會受到能量的影響，包括了思想能量。

技巧 2 參考成功案例

爲了讓你預期自己的顯化能夠實現，你可以依靠別人的幫忙。其中一種方法，是從別人的經歷中尋找相似的證據，證明你的目標是可能實現的。如果你想顯化與前任共同撫養孩子的友好關係，可以找出與你情況類似的人，而他已經做過你希望實現的事。有沒有 Instagram 上的網紅和前任保持著這樣的關係，或是有作家寫過類似的經歷？他們的行爲，更不用說他們的能量（即使是透過書、電腦或手機螢幕！），都可以爲你的行動步驟提供資訊。

我第一次顯化自己創業成功時，在 YouTube 上看了許多名人和勵志演講者的採訪，把這些當作證據，相信自己也可以跟他們一樣有成就。影片中的故事也很有幫助，它們說明了這些人克服困難達到目標的具體方式——幫助我想出了行動步驟，讓我的思想開始意識到，我也是有可能療癒情緒和獲得成功的。

技巧 3　尋找支持夥伴

另一個方法是找位可靠的夥伴幫忙，讓你在行動步驟中可以保持更高的振動頻率和期望心態。另一半、朋友、家人、新認識的人或信任的熟人都可以！重要的是他們在你的行動步驟中能提供平衡和鼓勵的觀點。如果這位夥伴相信你的目標，期待你和你的顯化成功，那麼你成功的可能性也會更大。當你需要時，和他們聊聊天甚至散散步，都可以當成一種模式阻斷。

開始行動步驟：顯化 AMZ

當你成功處於正向的期望狀態中，就可以開始採取具體的行動步驟，以實現你的目標。我喜歡把行動步驟稱爲「顯化 AMZ」，你不必遵循線性步驟，從 A 到 B 到 C……最後到 Z，顯化藍圖會讓你進行量子跳躍，像是從 A 到 M 再到 Z。

在你設定顯化目標後，宇宙會發送信號，指引你下一步該怎麼做，這些信號通常能幫助你跳過許多步驟。可能是一個可行動的方法，比如在你忙著顯化一位營養師時，突然從老朋友那聽到他正好在諮詢一位綜合營養師，調整你也有的食物過敏狀況。也可能你接收到的是確認信號，讓你知道自己走在正確的軌道上，比如當你採取了一個行動步驟後，突然看到臥室窗外的蝴蝶，或注意到時鐘上重複的數字，這就像宇宙正向你豎起大拇指，讓你知道一切都正在朝你走來。

顯化AMZ對一位參加過我工作坊的學員瓊安來說效果特別好。她是一位心理治療師，服務的對象是被販賣和虐待的女性受害者，希望能為她們顯化一個療癒靜修中心。懷著期望心態，瓊安知道她的第一步是為她的事業尋找種子資金。在寫下這些話的兩天後，瓊安的阿姨打電話來，於是瓊安把靜修中心的事告訴她，阿姨大受感動，馬上提供了開張所需的確切金額。這讓瓊安得以跳過好幾個步驟，比如研究如何申請貸款、塡寫必要的文件、尋找潛在投資者等等。

顯化AMZ對崔娜來說也很有效。崔娜是一位了不起的女性和退休軍人，想要開一家浴鹽公司。她告訴我，多年來她一直在努力顯化這個事業，所有的計畫、產品和熱情都已就位，但就是無法正式開張。我拿出白板，問她自認還須採取幾個步驟才能實現目標，她列出了十五個左右，其中一些受制於當時沒有足夠的資金，或是要花費數月才能達成。有了這張清單後，我和她一起檢視每項任務，逐一問她：「為什麼我們需要這一步？是否其實不做這件事也能開業呢？」最後，我們只剩下三個無法消除的步驟，和兩星期後的開張日期。看看這區別多大！

崔娜面對的是很單純的策略問題，她被自己認知中的藍圖阻礙了。所以她帶著正向的意念能量開始她的顯化過程，並採取先前說過的三個行動步驟。在修改行動計畫並按時啟動之後，崔娜的思想和能量都相當期待這次的開張。我甚至和她合作，在網路上銷售她的一些很棒的療癒產品！

管理障礙和觸發點

顯化當然可以從頭到尾都順利進行，不過在過程中被某些行動步驟觸發，也是有可能的事。如果發生這種情況，請將你的思想轉移到「中立」，並將它視爲宇宙的回饋。然後你可以選擇以下兩種技巧重置思想和能量，免去進行一整套完整檢查、解開糾結能量的步驟。

技巧 1　使用模式阻斷

第一個，也是最簡單的應對障礙或觸發點的方法，就是使用模式阻斷。如果寄電子郵件給同事這樣的行動步驟沒有得到你想要的回應，與其因爲顯化失敗而驚慌失措、直接放棄，下午五點就上床睡覺，不如讓自己到外頭輕鬆地散個步，提升一下情緒。或者，如果打電話給一個好爭論的朋友讓你心煩意亂，而且你通常會因此情緒爆發，那就做十次深呼吸，提醒自己那位朋友個性中也有好特質。

技巧 2 寫下藍圖陳述句

第二種方法是寫下藍圖陳述句，讓你的顯化保持在正軌上。在第二章中，我曾建議你寫下一個陳述句，描述你渴望的生活，如果你覺得自己偏離了軌道，請回到這個陳述句看一看吧。當你處在行動步驟的十字路口時，問問自己的反應是否與藍圖相符。比方說，如果你想要顯化一份書籍合約，你的藍圖陳述句可能是「我即將達成一筆交易，既能幫助別人，也能讓我感到快樂」，如果你發現你的行動步驟與這個陳述句不一致，你可以用新的步驟替換它。

我害怕事業成功會讓我失去摯愛

當行動步驟觸發了你的情緒或引導你走向意料之外的下一步時，請信任這不是一個錯誤，也不是要引導你往邪惡的方向，而是神更大計畫中的一部分。在你設定了顯化目標後，**所有**出現的一切都是宇宙給的回饋，以確保你的目標以最高的振動頻率到達。如果你在前進的過程中碰壁或感覺情緒失控，這是宇宙在要求你療癒你的反應和周圍能量。

在我第一次創建公司時，我的顯化計畫是每個月要有特定數量的客戶和達成特定的收入。我最初的行動步驟是在臉書上發布個人服務，客戶蜂擁而至，我的第一次嘗試大獲成功，而且非常簡單，正如我當初顯化的那樣。第一個月的成功，讓我本能地認爲下個月也按照一樣的方式去做就好，然而，雖然我預期自己這個月也會成功，也用了AMZ行動步驟，這一次我卻遇到了許多障礙。我換了一家又一家飯店，想租的工作室卻不斷落空，眼看錢就快要用盡，我既心煩又困惑。但是，當我思考這一切是如何發生時，我意識到，在我第一個月成功後，我一直在壓抑自己的恐懼焦慮，「必須要達到自己顯化設定的顧客數量和收入」。我意識到，解決這個障礙需要的不只是模式阻斷或藍圖，還有一些更深入的問題要處理。

我坐下來靜心，檢查自己的能量，問自己：「如果我繼續得到我想要的，最壞的結果會是什麼？」我幾乎立刻意識到，我非常害怕隨著公司發展得越好，我會因此失去我當時的男友，也就是我現在的先生奧利弗。

我一直認爲我媽媽堅持追求自己的職業發展，是造成她和我父親婚姻問題的一大原因，而我不想重蹈這樣的覆轍。在我看來，奧利弗比成功重要多了，我認爲自己必須在兩者之間做出選擇。我是如此瘋狂地相信這種可能性，讓當時的我停止了所有的顯化進程，甚至還無意識地從我的潛意識卷軸中反顯化。我度過了相當糟糕的一個月，因爲我的行動步驟以一種我沒有預見到的方式觸發了我過去的程式。

在釐清了圍繞著我顯化的凝滯能量之後，我決定改變心態，在過程中加入一個重要的行動步驟。每當我的事業讓我獲得金錢報酬時，我就會去做這件事，當作我的一個模式阻斷：和奧利弗一起慶祝我的成功。

接下來，每當我收到支票，我們就會安排一個約會之夜，可能是一起浪漫地洗個澡或開車兜風；也就是說，我們反而會以更親近的方式在一起，讓我覺得我們並不會因此而分開。我開始把金錢看作是一項令人滿意的獎勵，而非潛在的問題。第二天早晨當我在顯化的時候，我對宇宙說：「祢要我們到塞多納來，我們來了。祢要給我們一處住的地方和足夠的金錢，明確表示祢要我們留下來。」在幾個小時內，就有六個客戶透過電話和電子郵件聯絡我，眞的就像從天上掉下來的一樣。我找到了一間出租的房子，房東人非常好，後來也和我們變成了好朋友。在下一個活動之後，我的客戶數量和收入便與先前蓬勃發展的第一個月一樣了。

我的行動步驟讓我看出了一個必須療癒的問題，解決之後，我才能繼續實現我的最高善顯化。最初認爲的「問題」，其實是維持成長和延續富足的一個好機會。

顯化新生命的莉雅

當宇宙的回饋中斷你的顯化流動時，它擁有改變一切的力量。我是一個非常愛小孩的媽媽，所以與孩子有關的顯化都會讓我特別感動。有很多希望有小孩的夫妻會來找我，在看到他們根據行動步驟的回饋而改變的顯化結果，往往會讓我覺得很驚訝。

我有個客戶叫莉雅，她以體外受精的方式成功地有了三個美麗的孩子，但當她和先生想要有第四個孩子時，年齡問題卻讓她這次的體外受精宣告失敗。儘管莉雅認為，這是她顯化孩子必須採取的行動步驟，怎麼會在這個環節遇到阻礙？

事實上，我認為這次的失敗其實是宇宙給予莉雅的回饋。我和莉雅意識到，正是最近她和母親發生的爭吵阻礙了她擁有第四個孩子。莉雅和母親對生小孩將造成的經濟問題持有不同意見，這讓莉雅內心對於是否要擁有第四個孩子產生了遲疑。當莉雅意識到宇宙回饋要她正視的問題之後，僅是在心裡原諒母親，並調整自己到期望心態，莉雅的顯化就產生了生命（是真的產生了生命），而且是自然的！在沒有生殖中心的協助下，莉雅很快就自然懷孕，擁有了她一直夢想的完整家庭。

當你越熟悉如何進行顯化，就會發現這個看似神奇的過程，其實只是你和宇宙之間平靜而感恩的交流。它就像是一段對話，喚醒了你對於被療癒的渴望，以及你即將實現的激勵人心的目標。當你越熟悉如何進行顯化，需要付出的努力就會越少。對我來說，顯化是一種生活方式，單純是一項行事方法，只要多加練習、記得換上新視角，你一定也能做到。

接下來，讓我們揭開祕密七，改寫你的生活規則，讓你的奇蹟心態自然產生吧。

訣竅與重點

・顯化藍圖是一項遊戲計畫——一種技術設計，使你保持在最初意念和願望的軌道上。它還能夠幫助你釐清如何應對觸發點。

・在你設定顯化、讓它動起來後，宇宙會向你發送信號，讓你知道你的目標正在成形，並指引你去做能夠幫助你實現目標的實際行為。

・宇宙不會明確指出你應該做的每一步是什麼，但你會注意到一些信號，引導你下一步的方向，或驗證你正在執行的步驟。

・如果行動步驟觸發了你，轉向中立情緒，把它看作是來自宇宙的回饋。

・建立期望心態，認定顯化「已經」在進行中。這種能量能讓你敞開自己、迎向未來，並激發「可能性」的振動。相信這個可能性，可以讓能量流動得更快，因為它是由信念、希望或信任這些正向意念所激發的。要表現得好像你的目標已經在路上，這將有助於維持你的高主導頻率。

第十章　#7 重寫剩餘的規則

你有沒有想過，一種充滿眞正的幸福、始終不偏離中心，且與最高自我合一的生活，會是什麼感覺？日復一日，奇蹟成爲新的常態，你總會對接下來將發生的事情充滿期待，因爲它們總會很棒。

在我們相處到現在的這段時間裡，你知道一切都是有可能的。截至目前爲止，你練習過的祕密已經開始改變你的生活：學會處理觸發點、在顯化期間採取簡單的步驟保持高振動頻率，你已經爲令人羨慕的生活奠定了強大的基礎，你最美好的願望將不斷成形。有這麼多正確的能量動力在你身後，各種隨機的好事很快就會發生，你甚至不需要做任何有意識的努力，因爲事情就是這樣運作的，當你的能量處於更高的階層，自然會吸引到偶然的引薦和機會。

在這個階段，我希望我們能一起檢視你每天都在遵循的規則，並進一步修改那些還沒透過觸發點和顯化步驟處理過的部分。

作爲一個充實生活的共同創造者，爲了在這個世界自由地翺翔，重寫規則是我們最後的步驟。不去處理那些揮之不去的壓抑信念，不僅會減緩你顯化未來的速度，還會發現你不知爲何總在生活中碰壁或打轉。當然，你可以在遇到觸發點時再一併處理相關的障礙，但為了時刻保持輕盈的高振頻能量，我會建議你現在就修改它們，因為那將讓你處於主動位置：是**你**主動採取了行動，去接近自己想追求的能量狀態。把這個過程想像成打磨廚房櫥櫃上的木頭，確保它從一開始就很平滑，也別冒之後被突出的木刺割傷的風險。

在這一章中，我會告訴你如何根據你對生活方式的定義來評估、修改剩餘的規則，然後再時不時測試、更新一下它們。我很喜歡這種持續的練習，因為當你主動處理、修改生活中所有不適合你的信念，就是在支援你顯化自己的未來。當你能夠辨識、定義並提升激勵你行為的信念時，你就能夠創造出任何想要的事物，因為你已經將自己的意識傾注到由高振動信念支持的領域中，大腦會盡其所能地滿足你的規則。這就是為何悟性高的人，總是能給大腦比較好的選擇。

有些規則就是用來打破的

在開始本書的練習之前，你可能從未意識到自己不自覺地生活在一套限制性和自我挫敗的規則或信念中——那些來自於你過去程式的影響。

這造成了令人不滿足的生活，因為我們的行為大多是對過去經歷和創傷的潛意識反應，讓我們無論是在神經通路還是能量方面都大受影響，按照自我保護的程式運作，而不是追求自己想要的東西。而且由於我們根據舊規則建立起的現實相當牢固，我相信大多數人並沒有意識到，其實我們是能夠改寫這些規則的。**規則應該隨時保持流動狀態，隨著我們的變化和成長而演變**。也就是說，我們應該始終以保持成長爲目標，讓規則總是能夠與我們一起進步。

現在，你已經從書中知道了許多成功顯化者的故事，也開始了全新的生活方式，包括更新的界限和更強大的信念。也因爲能量檢查、解開能量結、處理過去角色的議題等方式，調整了許多規則。

根據我的經驗，這表示到目前爲止，你所遵循的規則中，大約有七五%已經被調整過了！當你在處理剩餘的規則時，就更容易啟動我非常喜歡的能量骨牌效應：一旦開始改變信念，能量和大腦也會隨之改變，根據修正後的信念反映出更好的結果。因此你會覺得總是在發生好事，那是因爲你已經生活在更高的振動頻率中，在高振頻中的任何東西都將更容易取得。

花點時間，回想一下那些在不知不覺中支配你生活的規則，以及接下來你打算如何改變它們。你可能沒有刻意要將自己的信念修正得多善意美好，但不知怎地就變成這樣了。也許「身爲單親媽媽，我永遠無法養活我的家庭」，已經變成了「我總是負擔得起自己的支出和家庭的開銷」；又或者曾經你認爲「我的伴侶出軌了，我的關係注定要失敗」，變成了「我和我的伴侶選擇原諒、坦承，完全信任地溝通」。想想看這些新規則將如何引導你的行爲，與你共同創造一個新的、更好的實相，而且你花的時間將有多快、感覺會有多好。只要有意識地修正你在某方面的想法，你生來就該具備的美好生活，就能夠更加地完美。

明確命名和調整規則是非常重要的，因爲大腦需要倚靠思維結構運作，就像是一幅地圖，指引你度過在地球上的時間。這就是認知過程的運作方式。

正因如此，你總是在創造規則，即使在無意識的狀態下也是如此，但你也可以重新創造它們，並建立新的神經通路，因爲神經可塑性是允許大腦擴展和改變的。如果以靈性的角度解讀就是：在靈魂之旅中，一切都是無限的。這是多麼美好的事啊！思想、身體和靈性交織在一起，不斷學習能使靈魂充實的課程，如果宇宙一直在擴張，你也將隨之持續擴張。改寫規則能夠改變你的生活，爲你自己創造一個不斷擴大，而非持續縮小的實相。我了解，面對太多改變會讓人氣餒，每當我感到難以承受時，我就會告訴自己：「如果情況總會不斷地改變，那**有可能變得更糟，也一定有可能變得更好**。」當你以高振頻的信念在生活，你就是在做最眞實的自己，並與宇宙緊密相連、共同流動。

正如我剛才提到的，我喜歡不斷地重新評估我的規則，總是移動到更高的振動領域，而且試著永遠不倒退。當過去的程式主宰著你的生活時，你的生活規則會與你以爲自己想要且一直努力的東西互相矛盾。你可能覺得自己已經用盡全力在減重、試圖懷孕，或調養身體，但如果那些潛在的規則暗自堅守不變，你就會一直過重、被診斷爲不孕，或始終處於糟糕的健康狀態，永遠無法在你想改善的領域中進步。因此，有意識地觀想自己想要的生活、改寫能幫你實現它的規則，絕對會是更有成效的做法。

在這些強效顯化者的祕密中，我把重寫規則放在比較後面的章節，是因爲我想先讓你在自己的生活中，親自見證和體驗這一切是多麼地眞實、強大：透過調整信念、思維和感受，就能夠達成目標，並改變你整體存在的軌跡。讀到這裡，你應該已經能很快地辨識出那些無意識，但又令你感到窒息的規則了，這些規則阻礙了你的顯化和以高振頻方式生活的能力。你能夠更敏銳地察覺到一種類似於撞到牆壁或障礙物的感覺，通常那代表著糾結或凝滯的能量。

最重要的是，你能夠意識到當自己處於低意念能量或缺乏自愛時的糟糕感覺，以及如何應對當你的目標沒有與最純粹的信念及最高頻的價值觀一致，也不是出於爲了達成他人最高善的討厭感覺。換句話說，無論是心理、神經通路和靈性方面，你都已經處於最佳狀態，可以清楚地審視自己的生活、決定如何讓未來的每一天爲你服務。

但首先——靜心觀想

爲了盡可能地達到最佳結果，在我們開始檢查、修改和測試新規則的實際操作和戰術過程之前，我希望你先以靜心觀想來做好準備。我會建議，除了在第一次修改規則之前進行這個觀想，在之後的每一次修改練習前，也都再次進行靜心觀想。這有助於持續清理你的心智，並制定出最有效的規則。

首先，閉上眼睛、深呼吸三次，想像自己在一個全白的房間裡，有張桌子在你面前。

桌上有一個包裝精美的盒子，你正用小刀將盒子的四邊劃開。接著，盒子的四面輕輕垂落，露出裡頭幾張躺著的紙片，類似索引卡，每張紙片上都寫著一項規則。當你要修改規則時，就把那些已經不再適合你的紙片拿走，重新手寫一張或多張紙片。寫好之後，把新規則紙片和目前仍適用的舊規則紙片，一起重新放到一個比之前更可愛的盒子或罐子裡。

接著，想像一下，從天堂灑下大量的彩色光，充滿這個盒子——可能是粉紅光，如果你認爲這是與愛情有關的顏色，或是藍色光，讓你感覺強壯。這裡沒有「錯」的顏色，就像你的某些規則一樣，顏色自會直覺地出現在你眼前，讓你感覺自在和充滿力量。請放心，這明亮的光是來自於神聖之源，會祝福並幫助你制定新規則。

最後，當你覺得差不多告一段落，做幾次深呼吸，然後睜開眼睛吧。

若是你在過程中腦海直覺地冒出了新規則，不需要感到驚訝，因爲當我們以這樣的方式觀想自我成長時，整個宇宙都將注視著我們。如果你是一個可以透過想像，看到非常具體畫面的視覺化能力者，你也可以想像新盒子是一個檔案盒，新舊規則是分類你想處理的各個項目的索引卡。當你決定要爲生活中的某個面向換上新規則，就把相對應的舊索引卡抽出來，換上新的，這樣的想像可以讓你的大腦和宇宙能量，都更明確地認識你的規則。

辨識、修改和測試

說到重寫規則，你可以把它當作一項刻意的練習，也可以在偶然發現舊規則不適用時再進行修改，或者以你舒適的方式直覺地結合兩種做法。我自己就是這樣。如果是當作練習，我建議你可以記錄在日記或筆記本上，就可以在需要時回顧，一方面也是追蹤自己的成長。如果你決定有剛好的時機點再修改，那麼在你感覺遭遇阻礙、被沉重或凝滯的能量環繞，或發現某個顯化目標需要太長時間才能實現時，就是時候更新規則了。

如果將修改規則當作練習的話，建議從對你較有意義的類別優先進行。把自己想像成一個美味的多層生日蛋糕可能會有幫助，這些類別就是讓這份食譜既實用又獨特的素材。舉例來說，我大多數客戶的分類有財務、事業/成功、家庭關係、戀愛關係、愛自己、目標工作、靈性與健康，不過你應該創造專屬於你的生活的分類方式。你也不必重寫那些仍適合你的規則，只需要修改不適用的就好。在弄清楚這些主要的規則和信念之後，你可以列出：

1. 你在每個類別中要遵循的主要規則。

2. 你想要改寫的生活規則。

如果你不能立即從某個類別中辨識出你的規則，那就想想在這個分類中，有哪些地方讓你不順心，然後找出導致這種結果的規則。如果你發現，在戀愛關係中，你有太多前任都是愛侮辱人的自戀狂，那麼也許你現有的規則就是「愛是虐待、控制和操縱」。接下來，決定你想用什麼規則來替換，比如說「愛是互相支持、能展現脆弱、眞實的」。

現在你已經知道自己現有和理想的規則分別是什麼了，請思考一下，你想要以什麼信念從A點到達B點。根據我的經驗，大多數人都無法直接從受虐的愛直接飛躍到眞正的愛，所以，我建議你循序漸進地前進，直到你的規則一步步達到最終版本。循序漸進的步驟，有助於消除你在過程中可能出現的任何焦慮或恐懼：認爲自己可能會失敗、自我破壞、經歷破滅的希望等等——這些狀態都帶著低振頻的凝滯能量，與想要重寫規則的最初意念相悖。

爲了好好建立中間版本的規則，我會建議你每隔九十天，或是當你直覺地感到舊規則很沉重，或不再能支持你的幸福時，就爲每個類別寫上一項新規則。當然，新規則要是輕鬆且鼓舞人心的。

對於你建立的每一項新規則，你都應該要好好遵循，並持續在不同的自然情境中進行測試，越多越好，以確保有效。如果不是那麼有效，就放棄它，試試別的。就像書中的其他原則一樣，你不應該強迫自己去遵循一個無法提供助益的規則，這會違背心智的傾向，減緩它發出的頻率。如果新規則確實帶來了你想要的結果，那麼就堅持下去，直到九十天結束，或者在中途因為一些生活上的變化，這項規則突然讓你感覺相當沉重、需要重寫，再建立另一條新規則就好。接著就是不斷重複這個過程，明白了嗎？

達到理想規則的中間，需要經歷多少規則或步驟都沒有關係。從最初到最終版本之間，想修改多少次都行，即使你已經到達最後的規則，還是可以調整。這樣也很好，因為新規則總是能促進個人成長，也總是能為未來帶來增添意義和成就感的新見解。對於某些類別，你甚至可能沒有理想的最終規則。隨著生活的改變，你可以不斷調整規則，你的優先類別和生活方式也會隨著時間的推移而產生變化。

繼續剛才愛情規則的例子。在知道你那老舊且帶來反效果的規則是「愛是虐待、控制和操縱」之後，你的新規則可能是「我承認這不是愛，當我遇到感覺像愛的情況時，我會質疑它是否有虐待、控制和操縱成分存在」。從這裡開始，你可以繼續把規則修改為「如果我感覺到不健康的愛，我不會允許自己體驗它們。我會和伴侶討論如何療癒這樣的相處模式，或者選擇離開」。現在，看看你離理想規則「支持性的、能展現脆弱、真實的」愛情有多近了？朝著正確、正面的方向一小步一小步前進，實踐這些規則就會變得輕而易舉了。

有一些類別，比如職業和財務，你的規則可能就不會是那麼偏向情感方面的敘述，而會較爲具體。好處是，當你制定的規則更加具體，心智就越容易執行，宇宙的能量也就越容易與之配合。

比方說，你對於事業成功的舊規則可能是「我必須要每天工作十二小時、犧牲全部的家庭生活，才能夠一年賺二十萬美元」，接下來可以改成「我可以每天工作八小時、擁有完整的家庭生活，也能一年賺進二十萬美元」，最後是「投入工作的時間越多，不代表越成功。我可以在我想工作的時候工作、按照自己的決定選擇要賺多少錢，我也可以和孩子及另一半建立很好的關係」。每次修改規則，就是在讓自己逐步體現那些你寫出的價值觀和目標，爲的都是創造對正向結果的期望心態和信念，從能量方面爲偶然和經常出現的奇蹟鋪平道路。

由於我們生活在一個三維世界，這些規則並非存在於純粹的靈性狀態。我們並不是只需要制定規則然後向宇宙宣布，就可以開始坐等神二十四小時往我們腿上送來好東西。這種情況或許有時候是會發生，但通常就像要實現顯化必須要有的行動步驟一樣，你可以讓自己的高振頻是一個更大、更**積極**的拼圖的一部分。

因新規則有了「神奇感覺」的莎奈兒

在我協助身心疾病患者時，曾認識一位名叫莎奈兒的二十多歲年輕女性，她對我說的第一件事，是她不再相信醫學界有能力治癒她。

莎奈兒因爲從馬背上摔下來，導致背部神經嚴重受損。她看過的所有醫生，從神經科醫師、物理治療師、針灸師，到脊骨神經醫師，都堅持說她的傷已經無法治癒。而我做的第一件事，就是將她介紹給一位科學家，這位科學家用非常專業的醫學術語解釋了以下概念：只要有適合的工具能給她的細胞適當的電刺激，她受損的背部就能夠自行修復。他繼續說道，事實上現在已經有實驗證實，某些設備的脈衝磁場能影響細胞的生化反應。這位專家說話的時候，我看到莎奈兒的表情和肢體語言從固執、挫敗，轉變爲接受和希望。這是我給她的訊號，幫助她創造一個改變生活的新規則。

我看到莎奈兒從「我無法被治癒，醫生也幫不了我」的舊規則和信念，變成了「我相信只要有適合的環境，我是有可能好起來的」。當她接受這種方法可以明顯改善她的身體狀況時，醫生準備使用 Papimi＊療法，也被稱爲脈衝電磁場療法來爲她治療。Papimi 是一種革命性的醫療設備，可以誘導高頻脈衝電磁振盪，這種機器不會直接碰觸到患者的身體，但它的電壓能夠影響粒線體的能量平衡，提高細胞的癒合潛力。在使用這項技術和其他療法的幾個療程後，我得知莎奈兒的背部恢復了明顯的感覺，在這之前她的背部是沒有任何感覺的。以莎奈兒的損傷

＊全文為 Pap-Ion Magnetic Inductor，簡稱 PAP-IMI 或 Papimi。

程度而言，這樣的治療效果可是非常明顯的！

我相信，這是因爲莎奈兒的新規則，使她的思想和能量開始接受正向的結果，因此讓她的身體更容易接受改變。

開始制定你的規則

看到這裡，我相信你已經明白，有很多方法可以制定你的規則。我喜歡將我的舊規則與理想規則比較，然後按照直覺寫下中間規則，再逐一測試。你也可以先確定舊規則，碰到促使你去思考這件事的情境時，再進行修改。無論如何，最終你都可以達到理想規則，或者，永遠不讓它結案，一直維持著開放狀態，你就可以不斷地和它一起成長下去。

還有一個很有效的做法，可以幫助你確定中間規則——在你寫下舊規則和理想規則後，問自己三個簡單的問題：

1. 這種信念是眞的嗎？
2. 這種信念未來也必須是眞的嗎？
3. 什麼是我可以輕易接受的新事實？

最後一個問題的答案就是你的新規則。

當你在更新一個有著複雜歷史的規則時，就問自己這三個問題，它能迫使你面對當前的現實，並制定出新規則，幫助你在那一刻持續前進。

改寫「母女規則」的吉娜

這讓我想起了我的客戶吉娜，她在經濟困難時，帶著孩子搬到她母親的小房子裡。才兩個月，吉娜和母親就開始不斷地互翻舊帳，爭論吉娜的育兒方法。在如此近距離的環境下承受著巨大的壓力，對吉娜一點幫助都沒有。一年後，吉娜認為自己必須搬出去，但只有當她和母親的關係較融洽時，她才覺得能自在舒服地搬出去。吉娜意識到，關於母親，她一直以來的舊規則「我媽就是那樣，她永遠都不會改變」，只會讓自己更為悲傷。她認為自己的理想規則應該是「我和媽媽的關係已經療癒了」，但她也知道這不是能夠立即實現的，所以吉娜用三個問題打造了她的中間規則。當吉娜定義出的第一個舊信念，開始讓她感到沉重和不眞實時，她寫下了新規則：「當我想對我媽大吼時，我說服自己以愛為出發點，用別的方式去應對。」當她再次感覺到不對勁，她調整爲：「沒有人需要被糾正，但我們需要停止對彼此不好。」從這次的規則開始，吉娜就比較容易想出她需要採取哪些步驟，以達到她的理想規則——一個平靜、相互尊重的地方。

菲絲：原來好媽媽可以有千萬種定義

當你在新規則與過去的價値觀之間產生矛盾，問自己這三個問題也會非常有幫助。

我永遠不會忘記一個叫菲絲的客戶，她的兒子布拉德有海洛因成癮的問題。菲絲認爲自己最重要的角色就是母親，她第一次來找我的時候，一直擔心是自己做得不夠，才無法幫助布拉德。儘管菲絲一直試著在這段關係之外顯化其他的事物，比如一份新工作，以及在她的農場上建設新穀倉的經費，但布拉德的毒癮問題，對菲絲來說實在太過沉重，以至於她必須在實現其他目標之前，先解決這股糾結能量。儘管很痛苦，菲絲還是決定改寫她的規則，包括和布拉德的關係，以及他的毒癮，在她的新規則中加入一些行動步驟，以簡化這個過程。

菲絲最初定義的舊規則是「好媽媽要爲孩子做所有的事」，理想規則選擇保持開放。意識到這條舊規則並不是眞的後，菲絲決定「好媽媽會爲孩子做所有事，但不會報警」，後來又改爲「好媽媽不會給她的孩子錢，但會替他買生活用品」；到最新的一項規則也感覺不眞實時，改爲「好媽媽會換房子的鎖」。

最近，她決定：「好媽媽是如此愛她的兒子，因此她會完全釋放他，讓他能夠得到療癒，不管要以多混亂的方式，因爲她無意識地助長了他的疾病。」按照這條最後的規則生活，是菲絲此生做過的最艱難的決定，但它出乎意料地提升了她實現其他目標的能量，再結合每一次的規則修改，使她與布拉德的關係越來越緊密。

當你從越來越高的心態制定接下來的規則，並確實付諸行動時，隨著時間的推移，最終你將重建整個信念系統，直到你想要的一切都有可能實現。重寫規則是一個需要時間的過程，一旦你開始按照你的第一項或第二項規則生活，並感覺很不錯時，就可以翻到下一章：體現未來的自己。這是我們將一起解鎖的最後祕密。

接下來，我將告訴你，如何進入一個未來版本的自己。這個版本的你已經過著你想要的完整生活，擁有所有你值得的榮耀。

訣竅與重點

．重寫規則是輕鬆顯化能力的最後點睛之筆。
．明確命名和調整規則是非常重要的，因為大腦需要倚靠思維結構運作，就像是一幅地圖，指引你度過在地球上的時間。
．一旦開始改變信念，能量和大腦也會隨之改變。當你已經生活在更高的振動頻率中，就會常常發生好事，因為在高振頻中的任何東西都將更容易取得。
．不斷重新評估你的規則，能讓你進入更高的振動領域中。
．你可以刻意或自然地重寫規則，也可以結合這兩種做法。
．新規則可以促進個人成長，也能讓人對如何為生活增添意義和成就感有新的見解。
．規則越具體，你的心智就越容易執行，宇宙也就越容易配合。
．當你從越來越高的心態制定漸進的規則，並確實付諸行動時，你最終將重建整個信念系統，直到獲得你想要的一切。

第十一章　#8 接觸你的未來自我

在此我將告訴你，可以讓你一次獲取兩種好處的最後一個祕密。首先，這是一條捷徑，可以幫助你解決過程中會遇上的任何問題——無論是意料之外的突發事件，或是任何會立即阻斷你高頻能量的障礙。再者，它還會在你準備解決問題時，教你如何進入積極、勇敢、高振頻能量的狀態，進一步提高你共同創造的能力。「接觸未來的自己」，是我送給你的最後一份禮物——一個非常重要的方法，可以讓你的願望和高振頻實相同步，為你的美好人生增添更多色彩。如同前面提到的許多顯化祕訣，這最後一個祕密，同樣需要你採取不設限的心態，和相信一切皆有可能的堅定信念。在過去，你可能會認為這不過是老生常談，或覺得自己不可能做得到。但是，讀完本書後，我知道你將開始對那些原先認為難以想像的事，抱持著開放的態度，因為你已經親眼看著自己的夢想正在實現。你知道這確實可行，因為你已經讓「不可能」成眞了。

想想你已經走了多遠！為了顯化燦爛美好的未來，你已經徹底改造心靈、療癒低振頻信念，也在大腦中建立出新的神經通路，去支持更有建設性的信念、思維和感覺。你正推動自己的生活不斷向前，因爲你一直在學習面對無論是讓你更快樂或更難受等各種不同狀況的時機點和方法。你已經學會了如何分解有害的核心原則周圍的能量，並以新視角重新建構它們。現在，你已經可以控制大部分的情緒觸發點，「練習愛自己」支持著你與每一個有意義的目標和人進行互動，爲你生活的每一天都增添溫暖、提升振動頻率，以及發出正確的意念能量。你知道讓顯化開始啟動的策略，知道該如何跟隨行動步驟，讓它進入高速運轉，以及如何調整你的規則，讓你在自己能夠達到的最高振頻上運作，持續擁有最好的選擇和解決方案。

你已經能夠主宰自己。你對自己的了解，已經比以往的任何時候都更爲深刻。此時，你不但有能力辨識出是什麼讓你爆發，也有能力爲自己創造美好的生活——不是無視自己的問題，而是與它們合作。當問題出現時，你能夠確切地意識到自己是誰，以健康的方式應對，並促進自我的成長。你能夠平靜地指揮自己的能量和心靈，控制自己的靈魂與你自身，達到與宇宙的最佳意念和最高善保持一致，允許恩典與富足流動。

在這一章中，我會幫助你向「未來的自己」學習，告訴你該如何以正念和靜心，即時獲取神聖的建議。如果你感覺被困住，不知該如何繼續下去，我會告訴我的顯化學員們，在此之前，有一個版本的你「已經」經歷過這件事了，而且他有足夠的智慧，明白該如何面對這件事。要觸及這個版本的自己（我稱之爲你的「未來自我」），首先必須要進入靜心狀態，才能召喚出那個版本的你，向他詢問該如何解決問題。作爲人類，我們往往會太快讓自己成爲命運的受害者，或一遭遇挫敗便舉手投降。然而，在很多方面，我們尋求的指引早已存在於我們的內心，缺乏的僅是正確的提問，與放手讓直覺帶領你走上應走之路。

在多重宇宙與「未來自我」相遇

我們必須要透過觀想，成爲開悟版本的自己，才能接觸到未來自我，那個已經解決現在問題的你。未來自我會提供你簡明的見解和行動步驟，告訴你實現目標的最佳途徑。獲得這些資訊會讓你感到非常安心，因爲這暗示著所有問題都是有解決辦法的。接受這個眞相，也表示你接受非傳統的時間和物質概念。身爲一個顯化專家，我相信你完全了解，宇宙並不總是以你想像的方式運作。影響和塑造周圍的一切，完全是在你的掌控之中。

根據多次的通靈經驗，我完全相信，當你將意識導向某個特定目標時，它就會創造出你的實相。畢竟，這是幾乎所有顯化信念背後最重要的原則，包括我的。你的思想頻率會影響宇宙中的粒子，如果這些粒子的振動頻率夠高，它們就會變得密集，並成爲物質——也就是說，它們顯化成物質形式。正如勵志教練安東尼・羅賓（Tony Robbins）所言：「注意力在哪裡，能量就在哪裡。」我相信人的大腦是如此複雜，以至於**我們**才是塑造和影響自己生活的世界的最主要因素。也就是說，只要你改變意識，就能改變你的實相。

當我說「未來」的顯化時，是因爲我們生活在「時間」這個架構之中。但我並不認爲時間是以線性的方式存在，也就是說，今天與明天其實都是一樣的。我知道這聽起來有點像科幻電影的情節，但請繼續聽我說。用最簡單的方式解釋，就是我們多次看到多重實相正同時發生，但我們並沒有意識到，因爲我們總是用單一意識在看待這個世界。事實上，宇宙就像一個複雜的全息圖，由我們的思想建構，並向外投射。當我們把意識專注在特定的信念、思想或感覺中，它們就會據此創造出我們生活的實相——**直到我們選擇改變它**。這就是爲何修正信念，是有效顯化願望的關鍵。

知道這一切後，猜猜當你用未來版本的自己來解決問題時，會發生什麼事？沒錯，你基本上就是跳進了一個發生在宇宙全息圖其他地方的新實相。但要到達那裡，你必須遵循未來自我的指引，才能將那個振動頻率拉向「你」和「未來自我」所存在的串聯世界中。

問題已經解決了。當你完成未來自我的指引步驟，「你」和「他」就成了一體。

未來自我靜心

我們可以透過簡單的靜心方式，與在相連宇宙中的未來自我碰面，在那裡，他已經爲困境找出了正面解方。我們的目標，是在靜心時盡可能地讓自己感覺越眞實越好，如此一來，我們就越容易步入未來，到達「已經解決問題」的頻率。當你的思想與宇宙相連，觀想和靜心就會以「想像」作爲橋梁，通往創造力。與此同時，實相也將透過這些思想頻率被建立起來。這需要你全心全意地進行這項練習，**建立起足夠深刻、難忘的心理狀態和情緒體驗，讓自己即使在清楚的意識狀態下，也能再次感受和辨識出它們**。因此，請盡可能地運用各種感官，會非常有幫助。

首先，放鬆自己，進行幾次深呼吸，感受一下你踩著的地面。想像自己走進一間白色的房間，裡面有一扇很大的門。打開門，走進去後，就到達了你的神聖空間。任何地方都行，只要在那裡你能夠感受到安全、平靜和被愛。可以是山頂、海邊、兒時住處的沙發、大樹下……可以是眞實去過的某處，也可以只是一個虛構的場景，完全由你自己決定。我的神聖空間，是個有綠油油的草地和五彩繽紛的花朵，夢幻又明亮的地方，在那裡，有一棵垂柳會用慈母般的口吻對我說話，晶瑩剔透的瀑布會流入美麗的湖泊，海豚會在其中跳躍。最重要的是，在我的神聖空間裡沒有別人，只有我和我的未來自我。總之，這是一個能讓我非常快樂的地方。

花點時間，在你的神聖空間裡安頓下來，享受這個環境給予你的任何感官體驗。當你感覺準備好了，就請未來自我出場吧。請他靠近你，最終，他可能會站在你面前，或坐在你身邊，任何讓你覺得舒服自在的方式都行。接著，簡單地把你的問題告訴未來自我，問問他，「下一步我應該要做些什麼？」答案可能是幾個簡單又易於理解的辭彙、一股直覺，或是一場詳盡的對談。請記得提醒自己，**放心信任他的指導，因為未來自我是來自於問題已被解決的那個實相**。當你們陪伴著彼此時，盡量多關注「另一個你」的細節：你的未來自我看起來是什麼樣子？大概年齡是多少？體型如何？他的整體能量或情緒狀態，是樂觀、冷靜還是自信？在大約十分鐘的談話和觀察之後，和你的未來自我道別。穿過那扇門，再次走進白色的房間，做幾次深呼吸，然後睜開眼睛。

所有的問題，都已有了答案

由於你的未來自我知道**所有**你可能遇到的問題的答案，因此你可以儘管向他詢問任何想問的問題，不必擔心問題太過廣泛，或是詳述問題需要花費太多時間。

我有些客戶，就是用這種方法來發現和實踐自己的靈性天賦，比如說找到夢想工作、成功升職、療癒手足失和、解決養育問題，甚至克服寫作障礙或上臺恐懼。當你在人際關係或投資機會的十字路口，猶豫要往哪條路才能通往幸福和繁榮時，也可以使用這個工具。

我的客戶瓊安，就是透過未來自我靜心得到了莫大的啟發。她曾在阿富汗服役，歷經殘酷的戰爭與被戰友性侵（軍事性創傷，Military sexual trauma，是非常普遍的現象，尤其在女性退伍軍人中），而患有嚴重的創傷後壓力症候群。任何讓瓊安聯想到過去經驗的蛛絲馬跡，都會成爲她的觸發點。當瓊安發現自己被觸發時，會透過未來自我靜心，去觀察療癒後的自己對過去的經驗會做出怎麼樣的反應。最後，瓊安的未來自我讓位給一個正面的角色（我等一下會進一步討論這點），這個角色會在日常生活中幫她處理一些意外的刺激，比如巨大噪音、在創傷後壓力症候群支持小組中聽到的令人不安的故事，以及讓她想起燒焦的肉或男人汗液的氣味。好消息是，在我最後一次和瓊安交談時，我發現她的進展相當驚人，她的狀態非常接近她的未來自我，也持續在使用這項方法，希望建立一個軍事性創傷相關的基金會。

沒準備好也沒關係，但請探究原因

當你進行未來自我靜心，並接受它的指導時，請確保你已經準備好充分利用你所獲得的智慧和洞察力。

或許是出於害怕，或缺乏足夠的動力去採取行動，其實，我有許多客戶並不願意聽取未來自我的意見。試想：如果未來自我對你說，要達到理想情緒狀態的第一步，是離開你的配偶，或搬到新的城市，你準備好做出這些艱難的改變了嗎？還沒的話也沒關係，只是要知道，這個方法只有當你眞的按照未來自我的建議去行動時，才會產生作用。如果你發現「眞正解決問題」這個想法反而讓你動搖了，請將它看作是一個信號，表示你需要先透過自我探索，來處理一些內心的糾結。

這項練習也包括了請你想像一下，如果「不」採取未來自我的建議，十年後情況會是如何？這能幫助你更清楚地覺察到，對你來說「真正的幸福」是什麼？然後努力療癒你還沒準備好解決問題的**原因**，而非不停地尋找答案。一旦你療癒了那些猶豫不決，你就會更傾向於遵循靜心中得到的指導，產生快速的顯化效果。

以新的自我形象生活，把未來拉往現在

接下來，讓我們來看看，未來自我靜心在現實生活中將如何發揮作用。在靜心時，你可以問自己一個一直困擾你的一般性問題，例如「通往幸福的下一步是什麼」或是一些比較具體的，比如「十年後我是否還會擁有自己的公司」這類的問題。你甚至可以問一個大型計畫，比如想開家店或開始一項線上服務。就這樣多做幾次靜心，並注意隨之而來的指導（當你把未來自我靜心拿來幫助你確定顯化行動步驟時，它們可能會加速和放大你的結果）。例如，當我幾年前想要創立「眞實生活」時，我經常在規畫顯化藍圖時進行未來自我靜心，觀察這個版本的自己會是什麼樣子、需要採取什麼步驟才能讓公司起步。我相信「另一個版本的自己」已經擁有了非常成功的企業，幫助了世界上的數百萬人——這種信念就像是火箭燃料，讓我更相信自己是

個天生的冒險家，只是還沒有進入那個狀態而已。

我記得有一次，我問未來的自己：「最成功的我會是什麼模樣？」她告訴我，她住在一個又大又漂亮的房子裡，太陽升起時，窗簾會自動打開，房子裡的每個空間都有生機蓬勃的植物。她的皮膚健康又有光澤，能夠欣賞周圍每個人的美，在四十歲左右，成就便達到頂峰了。我還詢問未來自我：「在工作之外，我會做些什麼？」得到的答案是：每天寫日記，偶爾喝杯啤酒放鬆一下，總是以一種清晰、直接、非常坦率的方式和他人溝通。

從靜心練習中，我對未來的自己有了足夠的了解，於是我**開始在現實生活中假設自己就是這樣的人**，這樣我就可以把「未來自我」的頻率拉向「現在的我」。在靜心之外，我也會採取實際的行動，像是持續寫日記、勤加保養皮膚、關注房地產資訊、用更精準的方式與員工交談，以及探索舒適圈外的活動。

我讓自己以全新的自我形象度過每一天，對於自己將成爲什麼樣的人，以及正在發展的事業，我都有了清晰的認識，並以實際可行的線性步驟來實現這兩者。每次進到神聖空間，我都會得到新的步驟建議，然後跟著邁出新步伐，有點像跟著宇宙在你顯化時爲你留下的麵包屑向前走。有些步驟看似毫不相關，像是我可能會聽到「打電話給你父親，療癒你們的關係」，或是「去散個步，然後再來問」。無論我的感覺如何，這些指示都是關鍵，讓我能夠以純淨的心理狀態、眞實的靈魂，和毫不費力的顯化目標建立我的未來。最後，我成功地創立了我的公司——至於我的未來自我？我仍然在成爲「她」的過程中。

我也很喜歡在日常生活中，運用新的自我形象來獲取靈感。例如，有一段時間，我努力爲自己建立更好的界限。我總是會過於同情別人的問題，因此，我會用未來自我提醒自己：如果這不符合我的最高自我，我就不需要如此介入他人的情緒。當我面臨相關的衝突，我會在靜心中詢問我的未來自我：「我該如何以讓自己不受干擾，但仍充滿愛的方式，回應這個狀況？」或者，我會假設自己已經成爲「更尊重界限的我」，然後試著想：「若是這樣的我面臨現在的狀況，會做些什麼？」再採取相應的行動。

觀察，然後照未來自我的方式去做

靜心的時候，請仔細留意未來自我在你面前的**感覺**，目的是爲了讓自己能夠分辨，什麼時候你的行爲和未來自我相似，什麼時候則否。你的行爲與未來自我越是相似，他就會提供越多的主導頻率給你，直到他成爲你所知道的一切。

路易莎參加了我在塞多納舉辦的活動，因爲她想知道自己的靈性天賦究竟是什麼。當我和她坐在一起時，我立刻意識到未來自我靜心會對她有幫助，這將讓她更有動力靠自己去尋找解答，而非由我給出答案。我教導路易莎如何認識那個已經實踐她靈性天賦的自己。在靜心狀態下，路易莎告訴我，她的未來自我無憂無慮，非常樂於付出，且不被經濟利益限制。路易莎也看到自己對陌生人伸出援手，她知道自己的天賦是成爲一位療癒師！她問這個版本的自己：我要實踐天賦的下一步是什麼？路易莎立即看見自己在周遊世界，在任何需要她幫助的人身上學習如何發揮自己的天賦。

工作坊結束後不久，路易莎和男友買了一輛廂型車，我最後聽到的消息是，他們正在進行跨州公路旅行，如此一來，她就可以進行很多療癒工作，且不用擔心房租或貸款。在這段時間，路易莎說她一直在心裡提醒自己，成爲未來自我靜心中的那名女子是什麼感覺——放鬆、慷慨、不依附於物質，這樣她才能更有信心地追求她的目標工作，幫助這個世界。

或許與集體潛意識有關

我相信，接觸未來自我，爲的是獲取神聖、超凡脫俗的知識。

也許每一次在你呼喚未來自我時，你就會被傳送到一個存在著所有答案和可能性的能量空間裡，你的未來自我就像信使，將幫助你成爲那個版本的自己。其實，我也不確定這樣的想法是否正確，不過，著名的心理學家榮格曾提出一個類似的理論，稱爲「集體潛意識」。他認爲，我們每個人都與生俱來擁有這種共同意識，它掌握著我們所有問題的答案。我們或許並不知道集體潛意識中有著什麼想法和畫面，但是在危機時刻，人類總會自動向內探索，並使用這些解決方案。他也認爲，兒童和成人會無來由地害怕同樣的事物，就是因爲集體潛意識的影響；夢中的特定象徵物，對不同的人可能有著相同的意義，也是因爲受到集體潛意識的支配。目前仍沒有人能確定是否眞是如此。

然而，很清楚的是，對於任何神聖的過程，你必須相信來自未來自我的訊息，並願意帶著信念去行動，讓它發揮作用。當你這樣做的時候，你就是在鍛鍊強大的直覺肌肉，從很多方面來說都是如此。所以，也許這種至高無上的神聖力量，對於這樣的過程來說是必須的，就像我認爲的那樣。

遭遇困難，就問問你的「心理教練」

接觸未來自我不只是靈性或腦力方面的練習，有很大一部分是心理鍛鍊，與意識的自我發展有關。更重要的是，它能促進大腦神經系統的變化。儘管我相信，當你在靜心中遇到未來自我時，你確實遇到了存在於串聯實相中另一個版本的自己，並進入那個頻率，不過與未來自我合作，還有第二個非常有用的、生物方面的目的。當你堅信未來必定存在著一個開悟的自己，然後按照這個開悟版本的未來自我的方式行事，你就會習慣性地強化那些改善過的行爲及其神經通路，新的想法將逐漸成爲大腦的自動默認設定，假設你的行爲是你當前的實相。如此一來，要成爲未來自我就不需要那麼多有意識的努力就能做到。這跟「假久成眞」或「扮演」的方法不一樣，因爲經過了這段時間，包含靜心的心理過程和你在現實生活中的表現行爲，你的大腦接受了你的新行爲，新信念已被固化爲現實。

我有很多客戶，喜歡給進步後的未來自我命名，就如同我們之前給帶有糾結能量的角色命名一樣。我自己就很喜歡做這件事！在之前的章節中，我說過當你被觸發時，負面角色就會出現。但我敢說你現在已經注意到，當你擁有未來自我的特質和心態時，你基本上就是在創造一個正面的角色，一個能夠很熟練解決這些問題的角色。因此，如果你在緊要關頭需要解決某個問題，又沒辦法立即放下手邊的一切進行未來自我靜心，你可以試試叫出你賦予這個角色的名字。我們知道，宇宙會一直不斷地擴張，而我認爲，這表示我們也將如此。我相信還有「更多版本」的我們，只是我們還沒「遇見」而已。如果你的名字是朱蒂，最近正在和父親爭吵，你可以試著讓自己進入「禪朱蒂」這個角色，這個你爲了家庭問題靜心時遇到的未來自我，並爲她取了名字。或者，當你遇到工作方面的問題，你可能會進入「富豪朱蒂」的身分，她是解決事業問題的天才。當你處於困境時，你可以單純地想：**禪朱蒂／富豪朱蒂會怎麼做**？並去設想該角色的心態和行爲。這不但能在能量方面，把你與未來自我的頻率連接起來，在心理層面也能即時構建一個更有能力的你。

「有能力的凱薩琳」會怎麼做？

說到給角色命名，讓我想到凱薩琳，她是可愛七歲小男孩道格的體貼繼母。道格的生母心理狀況不是很好，因此，凱薩琳認爲，雖然她不是道格的親生母親，但作爲僅次於道格生母的母親角色，對道格有著重大的影響力，她有責任要作個好榜樣，爲道格的生活負責。她非常認眞地看待這件事。有天晚上，在洗碗的時候，道格告訴凱薩琳，他的生母惡意地說凱薩琳「永遠不是他眞的媽媽，也不會像她一樣那麼愛他」，這讓道格感到非常困惑，因爲他說，他確實愛凱薩琳和他的生母一樣多。這讓凱薩琳非常憤怒。她的第一個想法，是向她先生的這個前妻發一則憤怒的訊息，叫她讓孩子自己去感受他的感覺，但她也隨即想起，在剛結婚時的一次未來自我靜心中，她曾探討了如何擔任好繼母的角色。因此，她問了自己：**「為了道格，什麼樣的我是有意識、接受的、溝通的、有愛的？」**

回想起體驗這個角色的感覺（凱薩琳替她取了一個恰當的名字：有能力的凱薩琳），她才能讓自己冷靜下來。身爲「有能力的凱薩琳」，她看得出來，現在道格的生母狀況不太好，況且，道格的健康和幸福，遠比任何讓她生氣的批評都更爲重要。「有能力的凱薩琳」讓道格坐下來，向他解釋，她是如此無條件地愛著他，所以他想怎麼稱呼她都可以。接著，「有能力的凱薩琳」給道格的生母發了一封經過深思熟慮的電子郵件，解釋了剛才發生的事。雖然她先生的前妻從未回應，但凱薩琳很清楚，自己優雅沉著地處理好了這件事，而這一切都要感謝她的未來自我。

在一天將要結束時，感覺你活出了最聰明、最開明的自己，能讓你達到鼓舞人心的成功。你注定要成爲這樣的人，連結未來自我的智慧和建議，只是證明了一個清楚的事實——一旦你順利清除了所有不屬於最眞實的你的部分，你就能夠看見，自己其實一直都擁有最好、最明智的答案。

訣竅與重點

- 活出未來的自己，就是想像並成為一個「開悟版本的自己」——他已經知道了所有你想要解決的問題的答案。
- 當你把意識導向一個特定的目標時，它就將創造出你的實相。
- 在靜心中，你可以遇見並體現未來版本的自己，在那個相連的宇宙中，你的困境已經有了正面的結果。
- 你的未來自我會回答你所有的問題。
- 當你進行未來自我靜心，並接受他的指導時，請確保你已經準備好要執行你獲得的智慧和洞察力。
- 當你進行未來自我靜心時，注意你和未來自我相處時的感覺，這樣你就能分辨出什麼時候你的行動和他一樣，什麼時候則否。
- 「接觸未來自我」不僅是靈性或腦力方面的練習，也是一種心理鍛鍊，和有意識的自我發展及大腦神經系統變化有關。

第十二章　顯化者的實證故事

在你練習並掌握這八個祕密後，你就會注意到事情開始發生顯著、直覺般的轉變：你將感覺自己自動被吸引去做這個過程。在第一次學習如何顯化發自內心的事物時，你可能會按照我的說明和範例，不過，現在你已經打下了很好的基礎，可以制定專屬於你自己實現這些目標的方式。看看你的進步是多麼地不可思議！就像學習樂器或運動，必須先掌握顯化的基本知識，足夠熟悉後才能即興發揮，發展出個人化的動作，成爲你的獨特之處。

找到屬於你的強效顯化祕密

如同我獲得最多成就感的許多客戶一樣，靈性成長和顯化，將促使你去特別運用其中的幾項祕密，而忽略其他的部分。這很好！事實上，我喜歡你開闢屬於自己的道路，因爲這表示你已經完全將書中的方法融會貫通了，正充滿自信地根據神聖的預感，在通向成功的過程中重新詮釋它們。

另外，每個人的過去程式和顯化目標都不盡相同，所以最適合我的方法不一定最適合你，這是非常合理的事。隨著你每追求一個新目標所做的大量工程，包括解開糾結能量、愛自己、意念能量工作等，你也可以期待你的顯化能力將不斷地有所變化。如果你一直順著航行下去，不去在意太多事情，那麼在你最近遇到減速帶時，你的過程看起來和感覺起來，一定會和當初完全不同。我發現，當我只關注成長，張開雙臂接受宇宙爲我安排的一切，那麼任何顯化過程，都會因這個充滿希望的指導原則而更加有效。

在這最後一個章節，我想分享一些客戶的故事，講述他們走了多遠，以及他們在追求個人成長和顯化目標時，最依賴的工具和原則。這八個祕密在每個故事中都扮演著重要的角色，雖然，你會發現某些客戶的確更依賴其中的幾項祕密。你也正走在內化這些強大祕密的完美道路上，認識到哪些祕密能爲你帶來最好的結果，把自己的公式付諸實行，享受眞心的快樂和完全理解這件事帶來的好處。我的教導能積極重置許多了不起的客戶的人生，使我感到蒙受祝福，我百分之百地希望，這八個祕密也能改變你的人生！

妮可：在家庭創傷中成長

我有許多客戶，背負的不只是他們自己的家庭創傷，還有更深層、追溯到更久遠以前的祖傳創傷，這種創傷代代相傳——透過遺傳基因、長期僞裝成「家庭價值觀」，以及被困住的能量，這些能量會設法滲透到這些客戶的程式中，並懇求被解開。如你所知，一旦你開始療癒心理及能量上的痛苦，你的頻率便會隨著你的自信、自愛和自尊而上升，產生一致且正面的體驗和互動，有助於維持較高的振動頻率，爲更快樂的生活和自動顯化的發生鋪平道路。

二〇一九年，我在一個活動中首次見到妮可，她在上了我的幾門線上課程後，從荷蘭飛過來找我。妮可說，從她到達靜修中心的那一刻起，她覺得自己受到歡迎，進入了一個「溫暖的新家庭」。當時，缺乏自信、自我價值低落，與自我憎恨是她最大的痛點。她告訴我：「如果我沒有把事情做好，我就會非常激烈地責備自己。在那些時候，我總覺得別人看到的不是眞正的我。」妮可傾向於把自己的作爲和不作爲，與別人對她的看法畫上等號，這是一種根深柢固的模式，來自她母親那邊的祖傳根源，也來自她自己生活中的匱乏。

說到祖傳的創傷，二次大戰期間，妮可的母親在印尼集中營歷經了一段痛苦的日子，這段痛苦的經歷讓她下定決心，不去討論、理解、全然地感受或處理生活中的痛苦。妮可認爲，她的祖母也是個不幸的女人，被困在一段糟糕的婚姻當中。彷彿這樣還不夠似的，妮可的姊姊小時候曾罹患糖尿病酮酸血症，不過長大後，她成了一個成功的公司老闆——在這兩種情況下，她都得到了很多正面的支持和關注。

妮可與母親和姊姊的關係一直很緊張，因爲她覺得自己永遠達不到她們的期望。她一直相當渴望母愛，每當她感覺自己缺乏這樣的情感支持，就會認爲自己不值得被愛。因爲這樣，妮可發現，自己多年來一直處於戰或逃的狀態之中。

「我變得非常在意要把事情做好，以獲得我想要的情感連結，當它沒有出現時，我就會認爲自己不夠好。我的家人從來沒有直接這麼說過，但我就是這樣認爲的，我內化了這個結論。」

妮可的不滿足感滲透到她生活的各方面——關係、朋友、工作、社交活動。「感覺每個人都高我一等。但是，後來我才意識到，其實是**我的信念讓我把自己變得渺小**。」

由於妮可的信念和程式，既源自世代的能量負擔，也肇因於她成長過程中自我價值的缺乏，她開始用這八個祕密療癒自己，並消除影響她家族中許多女性的祖傳障礙。

成年之後，妮可經歷過一次痛苦的離婚，她常常忽略和原諒前夫的缺點。

「我在每個人身上都看到了眞實的靈魂，所以我會越過他那些自我爲中心的行爲，去看他好的一面，所以我還是對他很忠誠。」

儘管如此，當事情出了問題時，妮可的前夫總會責怪她，使得妮可糟糕的自我形象持續存在。「這對我來說是非常痛苦的事。我知道我是個好人，總是努力做正確的事。但作爲一個好人，並沒有讓我從別人那裡得到我需要的愛和連結，我原本以爲會的。」

離婚後，妮可的經濟和情緒都受到了影響，讓她更加地疲憊和絕望。在決定和前夫離婚後不久，妮可被診斷出乳癌第四期，她直覺地認爲身體已經默認了她就是患有嚴重的疾病，因爲她沒有尊重最眞實的自己。診斷結果進一步揭示了妮可普遍的不滿，以及她更多的渴望。她知道，宇宙這麼做是要推動她做出徹底改變生活的決定。

「我相信，這麼多年來，我感到不舒服、緊繃，渴望知道自己到底是誰，這些種種顯化成了癌症。而在我意識到這一點後，我開始以不同的方式看待生活。那兩年非常沉重，但之後的每一刻，都讓我意識到，我有了選擇自己的新機會。」

在我們合作的過程中，妮可開始剖析她用來讓自己有安全感的模式和角色。到目前爲止，她一直生活在「生存模式」中，主要的關注點是維持一段不健康的婚姻，做一個完美的女兒、妹妹和母親，以及戰勝癌症，只要能讓自己撐到下一刻、第二天就好。然而，妮可藉由這八個祕密感受自己的過去、提高振動頻率，並重塑生活。妮可學會了重置自己的意識能量，以及練習愛自己。事實上，她的手機鬧鐘現在還是每隔四個小時就會響起，提醒自己要深呼吸、做接地練習、散散步，對妮可來說最重要的，是離開頭腦，進入內心空間。因爲她有一種幫助他人而忽略自己需求的傾向，妮可也更加意識到這一點，並注意如何改善它。當她陷入舊習慣時，「與自己對話」這樣的模式阻斷很有幫助。

「我會告訴自己，『你已經夠好了』或『我非常愛你』。」她說，「我帶狗狗去散步時會邊念肯定句，將自己說的話與跨出的每一個步伐搭配起來，『我很好』『我很冷靜』『我是有連結的』，將這些話語的能量與我想要創造的東西同步，讓我的存在也能夠與之同步。」

妮可在靜修中心時，建立了一套靈性生活習慣，至今仍在執行。當她醒來時，她會設定一天的意念，在日記中記錄她的夢和情緒，並爲她家人的健康和她認爲即將到來的豐盛感謝所有更高的力量。在遛狗或坐在海邊時，妮可會讓自己做做白日夢，想像接下來的幾個月她想要創造什麼。

「我會調整我的頻率，直到我找到那個『想將它帶入現實中』的爲止。」

洗澡時，她會想像水淨化了她所有的情緒和心靈方面的毒素，讓它們流進下水道。靜心時，她會想像白色和紫色的光，加上金色的液體流過她的身體。妮可也在寫日記中找到了平靜，她專注於自己一整天中的**感覺**，而非事件，因爲情緒意識才是眞正的目標。

妮可有另外一本顯化日誌，用來記錄她的願望。到目前爲止，這些夢想都實現了，包括成爲一名國際生活教練、主持現場激勵活動、環遊世界，以及加強與新丈夫的關係，甚至與前夫和兒子的關係也連帶有了改善。她說：「我現在以一套新規則在生活。我知道我夠好，我值得在這裡做我所做的事。我把自己從內疚和羞恥中拉了出來。現在我明白了，愛和連結對我來說是有可能的。我收到讚美，也意識到，當事情感覺不好的時候，就是一個讓我去感受它、擴展它，把它提升到新的意識層級的機會。」

米拉：發現並站在你的真相中

一旦你深刻理解了自己是誰，你的程式是如何引導你成為你自己，以及修正這些信念對你的未來能有什麼改變，那麼，孩子們，你們的振動頻率將直線飆升，重大的財務、情緒和身體變化將就此發生在你們身上！

米拉的故事是，由於她的父母十分遵循一位著名的自我成長大師，因此一路按照這位大師的教導將她撫養長大，後來她甚至還在這位大師身邊，做了八年的志工。雖然她記住了他的所有教導，但她仍然不快樂，也不滿足。米拉在網路上找到了一個二十一天的引導靜心檔案，之後又偶然看到我在臉書上的廣告。米拉認為這是來自宇宙的信號，她應該參加我的課程，所以第二天就報名了。

「關於愛的資訊，還有你可以創造你想要的實相，這些觀點引起了我的共鳴。我馬上就看到了共時性，需要的努力程度不到以前自我成長方法的一半。我開始釋放情緒，看到變化。」就像靈光一閃似的，米拉也意識到，她迄今為止累積的所有自我成長知識，如果沒辦法和愛結合起來，就毫無意義。「我知道我必須充滿愛地傾聽自己的靈魂，」她說，「這表示我必須停止取悅他人，也停止追求『別人』對於美國夢的理解。這八個祕密照亮了我過去的狹隘信念，我必須重新建構它們。」

在七歲時，米拉誤解了父親對她成績的回應方式，讓她產生了這樣的信念：除非她取得最高的分數，否則她就是不夠好；除非她出類拔萃，否則就無法獲得別人的認可和愛。幾年後，米拉經歷了一場痛苦的分手，因此讓她的體重增加，後來她才終於意識到，這其實是她潛意識信念的顯化結果。她認爲，只要她不表現出自己最好的一面，把自己「塡滿脂肪」，遠離這個世界，就可以保護自己免於承受未來的心碎。

由於米拉在處理自己過去程式的過程中，發現了關鍵點，因此讓她成爲了一位顯化高手。她最令人印象深刻的一件事，是發生在她意識到，並扭轉了一個錯誤的潛意識之後。當時，米拉的工作總是在公司裁員範圍的砧板上，而且這樣的事情八年前就發生過一次。因此，當米拉的新公司宣布，公司將經歷一些變革時，她並沒有讓自己過去的可怕程式，阻止她發揮自身的價値，爲公司制定計畫。米拉提出了她的計畫後，旋即被聘爲顧問，還提高了她的獎金，與她簽訂一份爲期兩年多的留任費，她的團隊也因此加薪三萬美元，完全沒遭受任何一點損失。

「我堅持自己的眞實，藉由這樣，我得到了高達五位數的回報。我花了七年的時間認爲自己是個失敗者，而在二十分鐘內，就改寫了這在我生命中的意義。」米拉不再認爲自己是失敗者或不值得被愛的人，而是一個有能力在她生活的所有領域創造自己實相的人。

在得到新職位後不久，米拉找到了她體重問題的根源，減掉了三十二公斤！她和一位自然療法醫師配合，進行飲食控制——然後遵循更多的宇宙訊號，徹底改變了整個生活方式。她把房子打掃乾淨，開始走路八公里，並決定一切從頭開始：「我減輕了體重，在六個月內減掉了絕大部分。正在發生中的身心變化，重新定義了我的整個生活。這是一次平穩且平緩的旅行，我終於進入了一直存在的自我之中。」

凱莉：把觸發點變成機會

接觸你的感受，尤其是你被觸發的時候，這是你可以將痛苦的創傷轉變爲成長和獲得新觀點的絕佳機會。「個人選擇」決定了你要如何看待過去，將它吸收到你的意識中，並將你從中學到的東西積極應用到未來，是一項非常強大的工具。幾乎我所有客戶都會將「個人選擇」納入他們的顯化練習中，不管他們採取的其他步驟是什麼。

凱莉最初被我的線上課程吸引，是因爲她認爲當中談論的許多關於模式阻斷，和重新建立神經通路的部分很合理，讓她的「科學腦」感到相當愉快。在情緒方面，她極度渴望有個方向，因爲當時她正經歷離婚的過程，同時還帶著一個有自殺傾向的青少年，領著福利救濟金。她的過去充斥著各種情緒上、言語上，有時還有身體上的虐待。「我一直在尋找。」凱莉承認，而且同時承受著自卑的折磨，雖然她說當時她並沒有意識到這一點。她只是覺得不好的事情總是一次又一次地發生在她身上，她很想知道爲什麼，而且也想知道，如果可以的話，該如何修復這個功能障礙。

在運用了這八個祕密後，凱莉開始能夠設定界限，放下不穩定情況的結果，專注於自己的成長。她決定，只有那些想要在她人生道路上和她一起成長的人，才配成爲她生命的一部分。她很感激，當她總是爲了所有人的最高善做決定時，宇宙就會照顧她。

凱莉一開始設置了鬧鐘做能量檢查，這有助於她識別自己在一天中不同時間的感受，然後釐清自己爲什麼會這樣。凱莉立刻意識到，她的痛苦潛意識卷軸被觸發的頻率，比她意識到的還要高。例如，光是講電話，就會讓凱莉感到非常焦慮，雖然她不知道爲什麼。透過解開糾結能量的練習，凱莉發現，是因爲在她三歲半時，她爸爸爲了一個有兒子的年輕女人離開了她母親。每次她打電話到爸爸的新家時，就會聽到他女朋友在後面笑，小男孩也會在一旁咯咯地笑——沒有她，他們看起來都很開心。她會唱史提夫・汪達（Stevie Wonder）的〈電話訴衷情〉（*I Just Called to Say I Love You*）給爸爸聽，因爲她不想讓爸爸在沒有她的生活中感到不安，也不想讓他因爲離開她和媽媽而感到內疚。凱莉當時和媽媽住在一起，她有嚴重的酗酒問題，很快就開始進出勒戒所，所以後來，凱莉搬去和爸爸及現在的繼母住在一起。

「在成長的過程中，我從來不知道媽媽打電話來時是不是喝醉了。」她吐露道，「我覺得我必須和她保持電話聯繫，確保她沒事。我明白了這一點，再加上一開始打電話給爸爸的經驗，這就是爲什麼我在打電話時總是充滿糟透了的能量。」凱莉甚至在與女性朋友溝通，還有維持異地戀方面都遇到了困難，因爲她經常會在電話中沉默和斷開連結。隨著時間推移，凱莉漸漸改善和原諒她與媽媽的關係，並以大量的愛及更客觀的觀點看待她的童年經歷。她在打電話時更自在了，因爲她現在理解並控制了這個觸發點。她說：「我相信人生給我們這些艱難的教訓，是我們注定要從中學習的。打電話給了我很多教訓，一次又一次。」

遇到觸發點的時候，模式阻斷就是凱莉的救生圈。「有一段時間，我就是動動身體，做開合跳，唱首小曲子，洗熱水澡；後來，我只要在腦中彈個手指，就能改變我的情緒。」和很多人一樣，被同事、家人或朋友誤解，是凱莉的另一個重要觸發點。當這種情況發生時，她會問自己「爲什麼會有這樣的感覺」，並意識到她是在賦予一種情況意義，進而產生一種信念，亦即**她有能力改變**。她說：「學會停下來，意識到我可以爲新的實相創造新的想法，對我來說是極大的頓悟。我不希望焦慮成爲我的實相。」

凱莉新觀點的核心，是願意以不同的方式做事，她說這是源自於愛自己和新發現的價值。她釋放了控制欲，騰出時間在大自然中散步、洗泡泡浴、懷著感恩靜靜地坐著，以及享受蒸汽浴等。她會避免自我批評，如果眞的情緒低落，她會檢查引發這種情緒的情況，並重新建構它們。她不再把自己視爲環境的受害者，也不再相信別人的行爲和判斷。「我可以選擇我對自己的感覺，這是爲了我自己。我不需要聽從別人的規則和想法，將之當作眞相，它們不必是我的眞相。我可以決定我對自己的感覺。」

現在，無論是顯化還是日常生活，凱莉都會根據直覺的指引採取行動，看看哪些觸發點會繼續出現。「這八個祕密已經成爲我的一部分，」她說，「這是我現在的生活方式，當我選擇應用我從這些改變生活的課程中學到的工具時，事情就會變得更好、更豐富、更令人興奮。」

邁克：改變想法，改變未來

如果你必須殺死的程式惡魔，是深刻且重複的自我鞭笞，除非你能夠剷除它，否則，你想要的顯化是不可能發生的。儘管這個問題的根源，通常是來自於外部影響，但我們自己不斷強化它的這個事實，將使我們一直持續在低振頻中，直到主動做出有意識的選擇來改變航向——那就是我們的能量與宇宙同步，組合起來的頻率眞正發揮相連的魔力之時。

我認識邁克的時候，他確實是一個低自尊者，但他是我最喜歡的成功故事，因爲他持續致力於自我成長，以及由此而來的種種顯化。見證這一切實在很有趣。邁克第一次來找我時，在自信和負面的自我對話中掙扎。他有冒牌者症候群的症狀，總是擔心自己不夠好，覺得自己不值得，很難與他人交流。過去他是個科學家，但在參加研討會時，他總會在會議一結束就跑回自己的房間躲起來。邁克在他所屬領域裡的地位很高，然而，即使他的演講總是座無虛席，能夠擄獲聽眾的心，他仍會擔心自己根本不知道自己在做什麼，有人會認爲這一切都是胡扯。

在學習這八個祕密的過程中，邁克發現他的大腦正在創造虛假的實相——而且**如果他願意，他可以創造出截然不同的實相**。

「當我發現自己即將陷入負面的心態和情緒時，我可以選擇『不』，我決定要『切換頻道』時，我就會這麼做。有時我會用陳述句『我是』來表達自己，有時我會告訴自己，我愛我自己。我會提醒自己，無論當時我對自己的感覺如何，總會有人愛著並接受眞實的我。這對我也很有幫助。」

對邁克來說，顯化就是「簡單地擺脫你自己的方式」——儘管我知道其中還有更多能量的成分。而我認爲，他的新信念已經重新連接上新的神經通路，是他成功祕訣的一部分。邁克輕鬆自在地顯化了專業和個人成就。

「在我決定不再做科學研究時，曾考慮過擔任顧問，我說：『在我做這個之前，我想要十四萬美元的合約。』當我說出口，我就是對自己想要的東西有了一個願景，而我也確實拿到了十二萬美元的提議合約；但如果我沒有確定我想去哪裡，就會一毛錢也拿不到。我請『我自己』讓一邊去，擺脫『原來的我』的方式，開始尋找想要的東西，然後，我找到了。這就是它的原理。」

在寫下這段文字的同時，邁克決定開始減重，之後也順利減掉了三十幾公斤！他說：「我以前從來沒有想過要這樣做，但有一天，我決定了，我要喜歡蔬菜水果勝過其他任何食物，而且主要就吃蔬菜水果。我不覺得痛苦，還爲此感到高興，因爲我在做的是我想做的事。」邁克說，他並不擔心會發生什麼事而因此陷入困境，只要他每天都選擇自我接納和不批判的觀點。

至於以前在科學研討會時，讓他躲在飯店房間裡的害羞情緒呢？邁克現在生活在社交網絡中。他說：「我喜歡認識新朋友、與他們交談，我覺得這很有趣。如果沒心情，我會告訴自己這一定會很有趣，代替那種感覺。」他採取他想要感受的態度。「我會說『我要玩得開心』，因爲這是我想要的。顯化就是由此產生的。」

黛安：擁抱真正的積極正向

我總是說，你可以表現得像你想要的那樣正向，但如果你並非打從心底地相信，所有勉強的微笑和陽光正向的觀點都沒有意義。你必須訓練大腦眞正地相信，並從本質上用更正向、更深刻的體驗，來推翻你的負面程式，這也是在調整你的意念能量，和提升振動頻率。

我的客戶黛安是個顯化專家——眞正的專家！她主要是透過我的線上課程練習，初步辨識出阻礙自己充分發揮潛能的因素。在工作上，她總是從一個機會跳到另一個機會，卻不知道自己應該專注於什麼，她從來不相信賺錢對她來說可以、也應該是件容易的事。她還經常擔心自己情緒的發展，因爲她過去程式的制約，讓她認爲，相較於朝著正確的方向發展，自己更有可能會搞砸些什麼。黛安想藉由我的課程，改變這些限制性信念，以實現內心的平衡，而不是沉溺於她自認的不足之處。她專注於把自己的目標變得現實且積極，而非完美，結果，宇宙果眞賜予了她豐盛與富足。

在練習完這八個祕密後，黛安也發現，她根據自己的成長經歷創造了一個角色。黛安的父母都是教會牧師，在整個少女時代，她都被教導要不斷地爲他人奉獻，即使這讓她感到難以負荷或感覺被「掏空」了。她說：「我從小就認爲，如果有人來找我幫忙，而我拒絕了，那就是一種罪。」

黛安還被教導，她應該嫁給第一次發生關係的對象，以至於當她被第一個男友強暴時，她認爲如果不嫁給他，她就會因此失去了價值，因爲她已經不是處女了。黛安和他在一起將近九年，一直忍受著他的肢體和言語虐待。她說：「這種關係強化了我的信念，認爲如果別人傷害我，我應該讓他們傷害。我經常把另一邊的臉也轉過去*。」療癒她複雜的過去，表示要從一個全新、客觀的角度來看待她的父母，他們無可避免地與她那些不正常的信仰體系連結在一起。當然，也包括從一個不同的角度來看待她自己。她說：「一開始，我很難相信父母撫養我

＊出自《聖經・馬太福音》第五章第三十九節：「不要與惡人作對。有人打你的右臉，把左臉也轉給他。」意指受到侮辱或傷害時不尋求報復、不以暴制暴，而是容忍及寬恕對方所做的一切。

的方式，會在不知不覺中傷害我對自己的看法，我的過去像錨一樣，在很多方面都束縛著我。但當我接受這一點時，我明白了，拋開過去那個角色，我可以成爲一個更有力量的人。我可以走出過去的自我，看見自己需要改正的東西，然後放手。」對未來保持正面的態度，在個人生活和職業上都進行一致的選擇，實踐這個方法就能夠建立更好的神經通路。

能夠對明天可能發生的事抱持眞正樂觀態度的關鍵，就是進行「模式阻斷」。每當黛安對未來感到恐懼時，她會停止負面想法，唱首讓自己感到開心的歌，然後告訴自己，想想生活中所有讓自己感激的美好事物。這讓黛安逐漸習慣了去想即將到來的好東西，並覺得自己值得擁有它們——這就是療癒黛安信念的關鍵，因爲先前她一直陷在無法將自己的需求視爲有價值事物的掙扎之中。有了自然的正面態度後，黛安更相信自己也能夠擁有光明的未來：「我終於相信，一切都會水到渠成，而且我值得所有已發生在我身上的好事，以及未來會發生的所有好事。」

很快地，黛安眞正接受了她值得愛自己和優越的待遇，她不需要做什麼大事才能獲得這些。她的振動頻率飆升，顯化能力也是。

「現在，我付出我能付出的，因爲這讓我快樂。我也要求我想要的，無論是可以即時得到，還是需要透過顯化實現，因此，我總是能夠得到我想要的。有時候，只要帶著意念去想就可以了。」黛安在她所想和所做的一切，都注入了一種極爲積極且鼓舞人心的愛，與她過去的制約行動截然不同：「這種愛不會讓我的杯子空掉，最終也不會傷害我。這種愛能讓我的心很充實。」

你可能會問，黛安顯化了什麼？

新鞋、牙套、高薪工作、順利的手術、車子、海邊的夢想之家，和夢想中的事業（只是舉幾個例子）。喔，或許應該問，她**沒有**顯化出什麼！為了成功顯化，她喜歡把目標畫下來，或用相機拍下來。然後，她為自己的願望祈禱，感謝神把這些帶給她，因為她由衷地相信「神正在把它們送過來」。最後，黛安會想像自己正在實現目標的環境裡，並採取「感覺輕鬆、不沉重」的行動步驟。她還與那些會偷走她正能量的人和事件徹底斷了連結，而且絕不回頭。隨之而來迎接黛安的，是她自己親手設計出的美好生活。

「我一直都知道，我是自己問題的解決方法，但我從來沒有眞正看著鏡子，思考我想成為什麼樣的人。很多事情已經變得更好了，而且還在繼續進行中。今天的我，有極大部分要歸功於這八個祕密。」

卡拉：無論如何都追求成長

我非常喜歡這八個祕密的一點是，你不需要處在一個糟糕的境地，就可以充分地利用它們。你不必辨識出自己正從一個負面環境、匱乏感、糟糕的自我形象，甚至錯誤的程式中運作，只要你渴望更好的生活和靈性上的成長就夠了。接下來，就是等著看一切魔法般地落到正確的位置。

卡拉最初註冊了我的線上課程，是因爲她正在進行「個人發展之旅」。然後，隨著她對技術的深入研究，「需要解決的問題會自動顯現出來。」換句話說，就是宇宙正在做它該做的事。

卡拉告訴我，她一直都很清楚自己的情緒和感受，以及它們對整體健康狀況的影響，但這八個祕密爲她提供了一種更有意識、更有條理的方法，來監控自己的振動。即便如此，她還是只使用對她有效的工具，放棄了較爲無效的。比方說，她從來沒有設定鬧鐘做能量檢查，但她一整天都在測量自己的「情緒/振動溫度」，這讓她不但了解自己的感覺，而且了解「對這種感覺的感覺」——這些感覺來自哪裡、爲什麼，以及如何處理它們，直到她能縮小答案範圍，幫助她使用這個新框架。

很快地，卡拉意識到能量結的出現，吸引了她的注意，也提供了與它們合作並提升它們振頻的機會。「我學到，與其因爲負面感覺而責罵自己，我應該充滿愛地鼓勵經歷過痛苦、困惑和創傷的那個自己，並溫柔地保證我們會一起度過難關。」卡拉決定不再輕視自己或對自己感到沮喪，因此培養出一種療癒的氛圍。當她對自己表現出越來越多的理解和憐憫時，她發現有些角色出現在她前面——具體地說，是取悅他人者、任人欺負者，以及受害者。這讓她走上了理解、療癒和轉化他們的道路。

「我開始研究這些角色在保護我時，是什麼樣的感覺。透過揭示這些重要的資訊，我就能夠用健康、更高振頻的角色來取代他們。」同時，使用模式阻斷，比如出去散步讓頭腦清醒，讓身體動起來，再加上花時間和寵物在一起，都是很好的方法。靜心、提升振頻的音樂和聲音（像是薩滿鼓聲和雙耳節拍等）也已經成為卡拉的常態練習。這些工具都能幫助她在負面情緒轉為憂鬱或無助之前，提前攔截它們。

卡拉專注於正面的意識能量，並為她的理智和顯化能力維持高振動。儘管「愛自己」確實幫助她從飲食失調，以及與自戀者的關係中恢復過來，解決了這些她生活中最大的困擾，但是，她發現所有的祕密都鼓勵她意識到，她必須成為自己「最好的朋友」，才能做出維持美好人生的決定。她經常在心裡列出所有她感恩的事情、花時間待在大自然中、和她的寵物在一起、聽她最喜歡的音樂、品味每一次經歷、在她的露臺上喝咖啡或紅酒，來提高她的振動頻率。

「我很在意自己的感受，因為它在創造我的現在和明天。我們身為能量的存在，擁有非常了不起的力量，隨之而來的是責任和極大的快樂。我們必須有意識地引導能量，來顯化我們來到這個地球所擁有的不可思議、有意義的人生。」

卡拉的顯化過程，包括辨識出自己的願望，有意識地承認自己是由存在於自己之內的神聖能量所構成，觀想自己願望的最終場景，然後放手，將結果交由宇宙決定。她還發現，寫日記是集中意念相當有效的方法，而靜心可以讓她將自己包裹在平靜中，並信任這個過程，這是幫助她達到「放手」狀態的關鍵。她也會藉由判斷行動步驟是輕盈還是沉重，邊摸索前進的道路。她說，她一直在顯化實現每一步成長所需要的人、環境和資源，在財務、職涯和個人生活方面皆是如此。當她面臨挑戰時，她甚至會尋求未來自我的建議。

「我經常想像我的未來自我向朋友們解釋，我是如何獲得晉升，或如何爲某人的療癒設定意念能量。結果，他們居然眞的打電話告訴我，他們感覺好多了。我最大的領悟之一，就是明白一切都已經完成了。任何我們渴望的東西都已經是實相，我們只需要爲了自己去選擇它，並在我們自己的實相中建立出來。」

就像我深深欣賞的許多美好客戶一樣，你爲自己想像的每一件事，都在等待整合到你的實相之中。這八個祕密，將幫助你顯化你的未來，以及你的理解、耐心、專注和直覺。我最深切的祝願是，你現在已經相信，並且信任：**當你準備好提升你的能量並真的去要求時，療癒和奇蹟般的生活也將就此發生在你身上。你値得這世界上所有美好的事物，也値得無盡的豐盛**。

然後，如果今天還沒有人告訴你的話……**我愛你**。

訣竅與重點

- 運用這八個祕密為基礎，制定專屬於「你」的顯化方式。
- 你的振動頻率已經準備好飆升了——準備好迎接巨幅的財務、情緒和身體變化吧！
- 將「你」與「你的感受」連結起來，把痛苦的創傷轉化為成長和展望。
- 當你訓練大腦相信，並用更正向、更深刻的體驗來推翻負面程式時，就能調整你的意念能量，提升你的振動頻率。
- 你不需要處在一個糟糕的境地，就能從這八個祕密中受益。你可以單純地渴望更好的生活和靈性上的成長，並設定意念，透過與神共同創造的方式來感受和傳播愛。

結語　你值得，而且可以顯化一切

寫這個部分時，我在我的書房裡，窩在一張塞滿東西的大雙人座椅上，周圍是一大堆書，和我們最近搬到科羅拉多時還沒拆封的箱子。儘管這個房間幾乎沒有裝飾，急需一塊地毯，但對我來說，這是一個神聖空間。從我正坐著的地方望去，兩扇落地窗，框著遠處雄偉的拉普拉塔山（La Plata Mountains）。春天已經來了，微風輕拂著外面的梅樹和薰衣草叢。雖然我被這裡的風景吸引，但對我來說，這不只是美麗的風景，而是美夢的顯化成眞。我們家內外的能量平靜而有活力，無論天氣、心情如何，在這裡的感覺都很好。我就在我該在的地方。

至少，現在是這樣。

我們搬到了科羅拉多的這個小鎭，因爲這是神引導我們一家人過來的地方。這裡的生活跟在拉古納海灘時形成了鮮明的對比——那時，名人朋友們會來和我們一起看太平洋的日落，附近就有一些全國最好的餐廳。我不會撒謊，我想念 Nobu 餐廳，但我們要在科羅拉多這兒養育孩子，繼續發展我們的事業，結識以心爲中心的新朋友，幫助更多客戶充分發揮潛力，並實現我們靈魂有意義的召喚。我會在這裡，繼續讓神的力量每天流經我的身體，幫助別人活出最好的生活。

難怪我在這裡，會像回到了家一般自在。

有趣的是，如此滿足的感覺，並不等於感覺我們已經「到達」了。對我來說，這正好相反。我感到精力充沛、想要做更多，就好像才剛開始。當你開始產生顯化的心態，你將永遠不會停止創造。絕對不會有所謂的「到達」。這是一個持續進化的過程，我的公司還有很多宏偉的計畫，我們正在飛速發展。

我做了這個瘋狂而華麗的夢，而我有意識地讓它成眞。

正如你現在已經知道的，顯化的祕密不只是爲了得到你想要的東西，而是**透過內在成長，幫助你創造你想要的生活**。當你選擇用愛和正直來療癒和滋養你的內心世界時，你的外在世界也將深刻而美麗地反映出來。你的生活範圍，會變得比你想像的要大的多，因爲你的內心風景與你周圍的世界融爲一體。現在，科羅拉多的高聳山脈和鬱鬱蔥蔥的草木環繞著我，正是我內心世界的華麗反映。我和家人的關係很好，和朋友的關係也很好。我與神合一，活出我的眞實，這反映在我身邊有形的、情緒的和靈性的世界裡。一旦你擁抱了**你的**眞相，相信它所帶來的結果，絕對會讓你捨不得閉上眼。

在我把你送回這個世界之前，我由衷地希望，你能遇見最眞實的自己——他/她的光芒是如此明亮，將使你永不再生活在黑暗之中。還要記住，這八個祕密講述的不是完美，而是**進步**。

就算你每天只進步百分之一，你仍然會及時獲得極大的成長和改變，因爲你選擇了自我主宰。任何有幸買了這本書並讀完它的人，都絕對能夠擁有美好的人生。如果某個概念現在無法引起你的共鳴，之後再回頭看，也許明天你就會懂了。

信任你已得到了神聖的支持，也請記得，宇宙和我都無條件地愛著你。永遠不要滿足於眼前搖曳的梅樹和薰衣草叢，你值得更多。我隨著每一次呼吸向你保證：**你值得，而且你可以顯化這一切**。

一份特別的邀請——八祕密社群

這本書的讀者創造了一個美好的靈魂部落，當中的所有人，都奔向他們最美好的人生。帶著改變、提升他們的生活，或給他人帶來正面影響的強烈願望，我們共同努力，以至善消除阻礙我們實現最美好實相的事物。

身爲《強效顯化的8個祕密》的創造者和作者，我知道，我的工作要歸功於神聖的來源，以及這個有幸流經我的工作產生共鳴的靈魂。在我們的「眞實生活」社群裡，我看到了數千個靈魂共同成長所創造出的集體能量，有多麼強大，如果我有機會把這星球上的更多靈魂，帶到這種高振動的顯化中，我肯定會響應這個號召。帶著爲他人服務的意念，彼此負責；提供書中所教的觀點，彼此相愛；用書中的知識力量，相互鼓舞。我知道線上社群將是一個巨大、美麗、不斷變化的不可思議天堂。

聽起來吸引你嗎？把這當成是邀請函，來加入我們吧！只要到 authenticliving.com/family，申請加入我們的小組，就能與志同道合的靈魂分享你的意念，他們可能已經讀過這本書、正在閱讀中、正在重溫某些部分，或者，像你一樣，才剛剛開始！眾所周知，我在社群媒體上創立了一些高度互相支持、不帶偏見、充滿魔法的社群，我和我美好的團隊會在那裡發表文章、回答問題，並經常直播……不只是用一本書支持你，而是以一種新的生活方式。我等不及要看你的第一篇貼文了！

最後，如果今天還沒有人告訴你……我愛你。

給你的禮物

非常感謝你買了這本書，並讓我成爲你靜心之旅的一部分。作爲對你的感謝，更多的線上資源，請至 http://authenticliving.com/gifts

※作者特別提供 AuthenticLiving.com 上的幾項補充素材（包括提升振動頻率的方法、能量速查表、愛自己的肯定句、模式阻斷指南、五分鐘重寫價值觀與信念的指南，以及顯化藍圖指南）的中文化版本給華文讀者。請於「圓神書活網」（www.booklife.com.tw）搜尋《強效顯化的8個祕密》，進入該書網頁後，即可找到下載連結。

謝詞

我要感謝所有對這本書有貢獻的人，也感謝我能夠分享這些資訊。寫這本書是一份眞正的禮物，希望你也能把它當作一份閱讀的禮物。

致克莉絲汀娜・葛麗仕（Kristina Grish），如果沒有你，我的愛就不會如此美好。你讓我停留在我的天才地帶，我會永遠珍惜我們的對話。

感謝蘿拉・諾蘭（Laura Nolan），她指導了這個過程，並歡迎我以如此多的專業知識進入出版業的世界。

瑞德・崔西（Reid Tracy）、派蒂・吉福特（Patty Gift）和美樂蒂・蓋伊（Melody Guy）：我在你們身上找到了一個家，我非常感激與你們一起工作的輕鬆自在。

感謝安東尼・威廉對我目標工作的支持和對人類的熱愛。

瑪麗安・莉茲（Marian Lizzi），非常特別的女性，她讓世界有能力接受這樣的資訊和愛。

致奧利弗，我的愛人，我的磐石，我的一切美好。

布雷登，我的心肝寶貝，我很高興你的靈魂找到了我。還有席安，單單是他天使般的存在就改變了我的世界。

媽媽，謝謝你和我一起成長。

爸爸，解決你的痛苦就是我的目的。

還有成千上萬被我稱爲「靈魂家人」的大家，我的「眞實生活夥伴」，他們體現和代表了我對人類和所有眞實的我們的愛。

Eurasian Publishing Group
圓神出版事業機構
用心與你對話・視野無限寬廣

方智出版社
Fine Press

www.booklife.com.tw　　reader@mail.eurasian.com.tw

方智好讀 156

強效顯化的8個祕密：讓夢想成爲現實，取回你應得的人生

作　　者／曼蒂・莫里斯（Mandy Morris）
譯　　者／吳宜蓁
發 行 人／簡志忠
出 版 者／方智出版社股份有限公司
地　　址／臺北市南京東路四段50號6樓之1
電　　話／（02）2579-6600・2579-8800・2570-3939
傳　　真／（02）2579-0338・2577-3220・2570-3636
副 社 長／陳秋月
副總編輯／賴良珠
主　　編／黃淑雲
責任編輯／李亦淳
校　　對／李亦淳・黃淑雲
美術編輯／李家宜
行銷企畫／陳禹伶・蔡謹竹
印務統籌／劉鳳剛・高榮祥
監　　印／高榮祥
排　　版／陳采淇
經 銷 商／叩應股份有限公司
郵撥帳號／ 18707239
法律顧問／圓神出版事業機構法律顧問　蕭雄淋律師
印　　刷／祥峯印刷廠

2023年3月 初版

定價 360 元　　ISBN 978-986-175-731-5　　

　　Printed in Taiwan

「你沒有看到眞正在外面的事物，只看到投射到外在的內在問題。這就是爲什麼生活看起來如此嚇人，似乎總是在打擊你的弱點。事實是，生活並未打擊你的弱點，是你將弱點投射到生活中。」

——《活出覺醒》

國家圖書館出版品預行編目資料

強效顯化的8個祕密：讓夢想成為現實，取回你應得的人生/曼蒂.莫里斯（Mandy Morris）著；吳宜蓁 譯.
-- 初版. -- 臺北市：方智出版社股份有限公司, 2023.03
256 面；14.8×20.8 公分. --（方智好讀；156）
譯自：8 secrets to powerful manifesting : how to create the reality of your dreams
ISBN 978-986-175-731-5（平裝）
1.CST：自我實現　2.CST：生活指導
177.2　　112000490